Hombres INFIELES

De la fantasía a la realidad

ROSALÍO CONTRERAS

WESTBOW°
PRESS
A DIVISION OF THOMAS NELSON
& ZONDERVAN

Santa Biblia. Versión 60 Reina Valera. Nashville, Tennessee, USA: Holman Bible Publishers, 1990.

Puede hacer pedidos de libros de WestBow Press en librerías o poniéndose en contacto con:

WestBow Press
A Division of Thomas Nelson & Zondervan
1663 Liberty Drive
Bloomington, IN 47403
www.westbowpress.com
1-(866) 928-1240

ISBN: 978-1-4908-3650-8 (tapa blanda)
ISBN: 978-1-4908-3651-5 (tapa dura)
ISBN: 978-1-4908-3649-2 (libro electrónico)

Numero de la Libreria del Congreso: 2014908312

Impreso en los Estados Unidos de América.

Fecha de revisión de WestBow Press: 07/28/2014

A las mujeres de un solo hombre…

Índice

Tercera parte:
De la pasión a la razón

Cuarta parte:
Del odio a la libertad

Quinta parte:
Volver a creer

Despertar a la realidad...

Me encuentro frente a un auditorio repleto de parejas. Antes de comenzar con mi ponencia contemplo detenidamente a cada una de ellas... De inmediato puedo advertir en sus expresiones que la gran mayoría de los presentes ha tenido que enfrentar el dolor de la infidelidad. Descubro que otra parte del público apenas comienza a identificar rastros de engaño en sus parejas. Pero llama mucho más mi atención el resto de la audiencia porque puedo ver en sus rostros y en sus posturas corporales que verdaderamente creen que a ellos jamás les va a suceder. Es precisamente esta la actitud que pone a la pareja en mayor riesgo de sufrir un evento de esta naturaleza.

Como suele suceder, las preguntas de los primeros se concentran en saber si han hecho lo correcto después de haber descubierto al infiel. Los segundos, que presienten apenas que algo anda mal en su relación, desean saber qué deberían hacer si llegaran a confirmar sus sospechas. Finalmente los terceros solo se divierten observando el emotivo escenario y agradecen a Dios el no estar en el lugar de los primeros o los segundos.

Sé que alguna de las ideas que estoy a punto de explicar podría cambiar significativamente el rumbo de la vida y familia de los que me escuchan. Además, mi esposa y mis cinco hijos que me acompañan en el evento, permanecen a la expectativa de lo que estoy a punto de compartir. Yo comienzo mi exposición:

He observado tres etapas muy definidas cuando he tratado con el flagelo de la infidelidad. Para comenzar subrayaré que en consulta todo lo que sucede es información valiosa. La narrativa del paciente, su manera de conducirse al tratar el asunto, sus actitudes y posturas corporales, etc. Todo en conjunto nos indica el momento en el que la pareja se encuentra ante un posible acto de infidelidad. Analice conmigo estos tres casos que, claramente evidencian tres etapas en el proceso del adulterio:

El primer caso es el de una mujer joven, con apenas algunos síntomas de ansiedad y agitación emocional. *Su ritmo de sueño ha cambiado en las* *últimas semanas. Dice que no puede evitar la actividad mental que según sus propias palabras "la está volviendo loca".*

Ha perdido el apetito y muy pocas cosas atraen su interés. Ignora las llamadas de sus amigas y cuando la localizan rechaza sus invitaciones a salir con ellas. Sus dos hijos pequeños, de apenas cuatro y seis años, afectados naturalmente por las circunstancias, han comenzado a mostrar los mismos síntomas de su madre. No duermen bien, están muy irritables y pelean uno con el otro más de lo acostumbrado. Evidentemente como producto de que apenas logran captar la atención de su madre. La mujer comienza así su relato:

"Últimamente he visto muy sospechoso a mi esposo. Lo siento distante, ¡aislado! Ha estado muy ausente de casa y cuando está con nosotros se ve distraído. Ya no dedica tiempo a nuestros hijos como solía hacerlo. Está muy preocupado por su arreglo personal. De hecho, los últimos tres meses ha estado comprando ropa nueva cada fin de semana. Se mantiene en forma con una dieta muy rigurosa y su ritmo del día ha cambiado mucho. Se levanta muy temprano por la mañana para irse al gimnasio y por las tardes permanece más de lo acostumbrado en su oficina. Se justifica todo el tiempo diciendo que tiene mucho trabajo pendiente. También ha estado muy irritable. He notado que se molesta cuando le pido que juegue con los niños. No se separa de su celular en ningún momento, ni siquiera para entrar al baño. Cuando recibe una llamada ha tomado la costumbre de salir al jardín o a la calle a contestar y se molesta conmigo si le pido cualquier tipo de explicación. No sé si se trata de mi pura imaginación pero también temo que se esté viendo con otra mujer. Estoy desesperada. Siento que poco a poco pierdo no solo a mi marido, sino a toda mi familia. ¡No sé qué debo hacer!"

El segundo caso se trata de una mujer con una depresión muy evidente.
Ha perdido el apetito en los últimos tres meses y ha bajado notablemente de peso. Se la ve pálida y desganada. Se nota que no ha dormido bien durante los últimos días. Busca ayuda con desesperación. Se presenta en un estado emocional muy agitado. Durante su relato oscila entre polos opuestos. De un instante a otro se mueve de la tristeza al enojo. Con sus palabras expresa súplica y reclamo. En cuanto a sus decisiones vacila entre la duda y la certeza. Con el dolor a flor de piel y con tristeza profunda llora desconsolada al narrarme los últimos acontecimientos:

"¡Lo he perdido todo! Jamás pensé que a mí me llegaría a pasar esto. Todo estaba muy bien. Éramos una pareja feliz. Nos teníamos el uno al otro. ¡Yo creía en él!

Pero ahora… no sé qué hacer. Esto duele profundamente. Me ha lastimado como nunca imaginé que lo haría. Me siento devaluada y desechada como un trapo viejo que tiran en un rincón."

"En los últimos meses él había actuado muy raro, distante… bastante ocupado en él mismo y sus asuntos. Invirtió todos nuestros ahorros, que guardábamos para el enganche de la casa que queríamos comprar, en un auto deportivo. Decía que estaba muy estresado y que necesitaba relajarse un poco. Finalmente no me opuse, pero me molestaba mucho que este coche se volviera motivo de muchas discusiones. Cuando subía a los niños, que eran muy pocas veces, se quejaba de que lo ensuciaban o que podían rayar el tablero. A mí no me permitía dejar nada en la cajuela de guantes. Yo sentía que poco a poco me excluía, no sólo de su coche sino de su vida. Me volvía loca pensando. Honestamente, quería ignorar lo que ya sospechaba desde aquellos días y que me aterraba desde entonces, que mi esposo me estuviera engañando."

"La situación se hacía cada vez más evidente. Yo se lo preguntaba y ¡claro que él lo negaba todo! Y yo… quería creer. Hasta la semana pasada que decidí seguirlo. Ahora no sé si hice lo correcto, pero ya estaba realmente desesperada. A lo lejos pude ver que recogía a una muchacha y la subía a su coche. ¡No sé cómo pude soportarlo! Yo permanecí a la distancia y los seguí hasta la entrada de un motel. Ahí fue donde me desquicié. ¡Les eché mi coche encima! Afortunadamente solo destrocé mi auto y el suyo sin lastimar a nadie. Pero lo peor vino después, cuando él salió de su auto… ¡ofendiéndome! Yo trataba de ver la cara de mi rival y él… —la mujer temblando, rompió en llanto— ¡la protegía de mí! Ahora que lo pienso, lo más terrible no fue su engaño, sino aquella actitud que tomó cuando nos encontramos de frente. Yo le decía que se diera cuenta de que ella era una "prostituta barata" que había roto mi familia, que le estaba quitando el padre a mis hijos. Y él la defendió en todo momento. Decía que ella era una buena mujer. Pero… ¡cómo puede ser buena mujer si ella sabía que él era un hombre casado y que tenemos hijos! El absurdo es que la discusión giraba sobre la dignidad de esa mujer y no sobre el daño que él nos había hecho a mis hijos y a mí."

"El golpe final me lo dio con sus últimas palabras. Muy enojado dijo que se iba de la casa. Que la razón por la que él había buscado a otra mujer era que ya no me soportaba. Que jamás me había amado. Que él necesitaba su libertad. Que a mi lado no era feliz y que con ella había vuelto a sentirse vivo. De verdad, no sé qué hacer. Por favor… ¡ayúdeme!"

En el tercer caso se presenta en mi consultorio una mujer con su hija de diez años de edad y lo primero que llama mi atención es la expresión en el rostro de la niña*. Casi podía leer en su mirada "¡por favor ayude a mi madre!". Hasta parecía que la hija traía a su madre al psicólogo. Se trataba de una mujer joven que aparentaba mucha más edad. Vestida con pantalones desgastados, rotos y decolorados, sin maquillaje en su rostro, a excepción de una línea oscura de lápiz delineador, mal pintada debajo de sus ojos. Su descuido se hacía evidente además en un notable sobrepeso. Era la típica deprimida funcional en la que se nota que la depresión ya es parte de su vida: los hombros caídos como de quien carga el peso natural de los acontecimientos que ha vivido en los últimos dos años… la mirada perdida, fija en un solo punto. Con un llanto seco, inicia su relato:*

"Hace dos años que mi esposo nos abandonó por otra mujer. Recuerdo que por aquel tiempo comenzó a actuar muy extraño. Se aislaba de nosotras y se ocupaba mucho más de él. Exigía su tiempo. Exigía limpieza. Criticaba todo de mí, como que nada le gustaba de mi persona o de lo que hacía. Yo trataba de agradarlo y de verdad que lo intentaba, pero a pesar de mis esfuerzos no lograba nada. Repentinamente un día me llevó al patio de atrás de la casa y me dijo que había decidido vivir libre, que ya no podía continuar con la farsa de nuestro matrimonio, que le avergonzaba andar por la calle a mi lado, que requería de tiempo y espacio para pensar y decidir lo que haría de su vida. Pero… ¡hablaba de nuestras vidas! No entiendo. Y después de aquella plática, simplemente se fue".

"Compró una casa nueva que puso a nombre de mi suegra y ahí vivía con otra mujer. ¡Y mi suegra lo apoyaba! Pero no duró mucho su relación. Unos ocho meses después también botó a la otra. Eso me dio un poco de esperanza de que regresaría conmigo. Pero no, vive solo en su casota nueva y yo sé que mete ahí a diferentes mujeres los fines de semana."

"Mi hija y yo vivimos en una casita de interés social muy modesta porque solo me alcanza para eso. Yo soy administradora de empresas pero actualmente trabajo limpiando casas… Bueno, limpiando la casa nueva de mi marido que me paga quinientos pesos cada semana por ayudarle. A pesar de todo me ilusiona con los acercamientos sexuales esporádicos que tenemos porque todavía trato de recuperarlo. Pero me siento muy humillada… después del sexo me avienta a la cama los quinientos pesos… me siento como una prostituta. Él me humilla cada vez que puede. Después de vivir así por los últimos dos años ya no sé qué hacer.

Hasta mi hija me dijo "¡ya mamá!, deja a mi papá, entiende que él no te quiere." ¿Cree que todavía queda algo por hacer?"

Estas tres historias describen elocuentemente las tres etapas típicas en las que un matrimonio se verá atrapado durante el proceso de infidelidad. Ante todo se puede observar que las actitudes de los infieles son similares, casi predecibles. El proceso de distanciamiento y enajenación del cónyuge es siempre el mismo, y lo peor, es el doloroso final: la ruptura. Sin embargo, lo único que podría marcar la diferencia en el desenlace de historias como las anteriores, **son las acciones y actitudes de la parte fiel ante un hallazgo de esta naturaleza.**

Solo por fines prácticos utilicé historias de hombres infieles, pero los síntomas de las mujeres infieles son similares. Las sugerencias que expondré a las mujeres fieles podrían ser igualmente aplicables por los hombres fieles ante sus mujeres infieles.

La parte fiel es despertada, de un solo golpe, de la fantasía a la realidad. **Cuando apenas es una sospecha** la persona observa en el horizonte los nubarrones que se aproximan a su matrimonio. Intuye que el dolor se aproxima, sabe que tarde o temprano se verá **entre la ilusión y el desencanto.** Pero el proceso continúa y el camino se cierra. El golpe del huracán llega **cuando todo se descubre,** la intensidad aumenta por los fuertes vientos de las reacciones impulsivas del infiel que arrastran a la parte fiel **del temor al pánico.** En este punto, la desesperación asfixia y el fantasma del divorcio se materializa. En medio de la intensidad la pareja entra a un laberinto confuso que exige altos niveles de entendimiento y sentido común. Porque **cuando se desea dar otra oportunidad** a la relación, invariablemente, la persona fiel se deberá transportar **de la pasión a la razón.** Ante las nuevas condiciones su disposición e indisposición al cambio pondrá a la pareja en la encrucijada final del camino: reconciliación o divorcio. Y como sucede en la vida real, no siempre las historias terminan en un "final feliz". Quizá llegará el momento de que el fiel se encuentre atrapado **entre el odio y la libertad.** Pero una libertad que no todos desean, es así como muchos prefieren atravesar los temibles pantanos del odio con la esperanza de algún día poder librarse de aquel dolor, pero temiendo a la vez que llegue el día que esto suceda, tal como un preso teme el día que se cumpla su sentencia y tenga que resolver el "problema" de su libertad, que le obligará a hacerse cargo de sí mismo.

He hablado mucho con mi esposa sobre este asunto de la infidelidad, porque yo soy hijo de un hombre infiel. Además, mi abuelo fue infiel, muchos de mis tíos fueron infieles y ahora… ha llegado mi turno. Pero definitivamente quiero romper con esta cadena de "contaminación generacional". Por esto yo mismo he recomendado a mi esposa lo que tendría que hacer en caso de que a mí se me ocurra ceder ante la tentación de la infidelidad. Son recomendaciones que he dado a muchas familias que se encuentran bajo estas mismas circunstancias y que en muchos casos han resultado muy favorables.

Recuerdo el día cuando caminándo en el parque donde solemos hacer ejercicio mi esposa y yo, me armé de valor para iniciar con esta amarga pero muy necesaria plática:

"Si llegara el día en que se me ocurra ceder ante la tentación de la infidelidad, esa noche no puedo dormir en tu cama. Por favor ¡córreme de la casa! Porque si esto llegara a suceder, estaré anestesiado o mejor dicho, embrutecido por el estupor del pecado. Seguramente necesitaré extrañar primeramente tu presencia y todo lo que te rodea: mis hijos, mi casa, mi cama, mi rutina del día que hoy amo tanto. Sé que momentáneamente entrarás en pánico y pensarás que si me corres de la casa me estarás arrojando a los brazos de la otra mujer y esa es una posibilidad. Pero si yo decido cometer este segundo error, no te amarres a mí, porque en ese caso te voy a arrastrar al fondo conmigo. Mejor déjame que me hunda yo solo y libérate de mí."

"No te preocupes por el dinero, ya previne este factor apoyando tu crecimiento económico al permitir y fomentar tus actividades laborales. Además, tú tienes tu cuenta bancaria en la que encontrarás suficiente dinero para el mantenimiento tuyo y de los niños. Por el momento no creo llegar a ser tan patán como para abandonarte económicamente. Pero si en mi locura así lo hiciera, haz valer tu derecho y hazme cumplir mi obligación. No te detengas y demándame ante las autoridades por la pensión alimenticia."

"Tengo para tu corazón tres sugerencias que hacer durante ese tiempo de separación. Si se diera el caso, considéralas:

Primero: No me creas nada de lo que te diga, ni bueno ni malo. No olvides que mis sentidos estarán confundidos. Después de todo, al adulterio se le conoce como "engaño" precisamente porque se engaña a la pareja, pero también porque el mismo infiel se engaña a sí mismo creyendo que ha encontrado al "amor de su vida". Así es que si te ofendo con mis palabras, no me creas y si te prometo cualquier cosa, por buena que te parezca, tampoco me creas.

Segundo: *No malgastes tu tiempo tratando de entenderme. Esto te debilitará. Además seguramente ni yo me entenderé bajo esas circunstancias.*

Tercero: *Entrégame en las manos de Dios. Deja que sea Él quién guíe y guarde tu corazón lastimado. Confía en nuestro Dios y Él te dará descanso."*

"Bien. Ahora que tengo algo de cordura te diré que según mis cálculos a la semana o quizá en los primeros quince días de distanciamiento me voy a sentir muy mal y seguro me voy a "arrepentir" de lo que he hecho. Quizá estaré frente a tu puerta con mi pequeña maleta, dispuesto a pedirte perdón. Si eso sucede, por favor... ¡perdóname! No te enganches en la amargura que producen estos eventos tan dolorosos. Vive libre de los rencores que sólo te atarán a mí."

*"Yo, seguramente al escuchar que me perdonas, sonreiré y te agradeceré mucho. Tomaré mi maleta pensando que todo volverá a la normalidad. Este será otro momento de prueba para ti ¡no me permitas la entrada! Aclárame que una cosa es el perdón que tú me estás otorgado y otra cosa es **la restauración del matrimonio** que estaría por iniciar y que tú tendrás que analizar para poder considerar continuar juntos. No lo pienses mucho, yo, frente a ti en la banqueta de nuestra casa... ¡despídeme!"*

*"Una vez fuera, te sugiero que me des por lo menos de tres a seis meses de distancia o lo que tú creas necesario para considerar mi posible retorno. Durante ese tiempo no olvides mis tres sugerencias anteriores, principalmente la primera "no creas nada de lo que diga, ni bueno ni malo". No escuches mis palabras. Mejor **observa mis acciones**, porque las personas mentimos con las palabras... ¡jamás con los hechos!"*

*"Al cabo del tiempo que tú habrás de considerar necesario para observar mis acciones, determina si **mis hechos** te permiten otorgarme otra oportunidad para reconstruir nuestra relación. Si mis acciones no son congruentes con mis palabras porque yo persista en mi engaño o simplemente no te convencen... contempla la ruptura definitiva."*

La plática que se dio en el auto de regreso a casa luego de aquella conferencia, resultó muy interesante. Todos platicábamos de las impresiones que quedaron después de la exposición, y mi hijo mayor, me preguntó frente al resto de la familia:

—Oye papá, dices que si engañaras a mi mamá, ella tendría que correrte de la casa.

—Dadas las circunstancias, sería lo mejor. A pesar de todo el dolor que esto pueda significar, así sería el plan que seguiríamos —confirmé yo.

—Y… si mi mamá te engaña a ti, ¿ella tendría que irse de la casa? —preguntó él con mucha lógica.

—¡Jamás, hijo! —respondí de inmediato—. De igual manera yo me iría de la casa, pero no tu mamá. Porque si se diera el caso yo no quisiera que ustedes perdieran su entorno completo: su cama, su casa, su escuela, sus amigos, su rutina del día, etc. Su mamá es parte fundamental de su entorno. Lo que pasa es que son dos papeles diferentes: papel de padre y papel de esposo. Es el papel de esposo el que se ve comprometido con la infidelidad, no el de padre.

—Y ¿cuándo te veríamos? —Creo que previendo la situación, mi hijo quería saber más detalles sobre el asunto.

—Yo —respondí—, me instalaría en un departamento en el que los llevaría los fines de semana.

—Y… ¿la perdonarías? —cuestionó, llegando así a la pregunta más importante que tenía que hacerme.

—Eso no lo puedo contestar. Y menos frente a tu madre ¡No le vaya a dar ideas! —Todos nos reímos un rato—. Pero no te preocupes, hijo, yo te prometo que mientras Dios nos de vida, tendrás a tus padres. Pase lo que pase entre tu mamá y yo, ambos buscaremos garantizarles la relación y convivencia de ustedes con lo que les corresponde por derecho natural, sus padres.

¿Por qué ponerme la soga al cuello con tal anticipación? Porque conozco mi historia y reconozco mi debilidad. He tratado de reforzar nuestra relación matrimonial entregando a Dios nuestro destino. No obstante, sé que la posibilidad de romper mi promesa de ser fiel es real. Esta clase de pláticas con mi esposa es como tener en casa un extintor que dice: "Rómpase en caso de infidelidad".

Como terapeuta familiar, si pudiera hacer algo para evitar el dolor del adulterio a una familia, lo haría. Precisamente una de mis pretensiones con este nuevo libro, es ayudar al cónyuge lastimado a encontrar respuestas, pero a su vez, quiero hacerle más tolerable el dolor al encontrar procedimientos prácticos ante el problema. Busquemos hacer todo lo que está a nuestro alcance para evitar el adulterio y sus terribles efectos en nosotros y nuestras familias, pero también, si llegara a presentarse la dolorosa circunstancia, deberemos estar preparados para enfrentarla con valor y dignidad.

Es mucho más…

La infidelidad es una de esas acciones que trae consigo una serie de reacciones que causan un efecto dominó en el sistema familiar y social. Jamás debe interpretarse un acto de adulterio como un hecho aislado o como una acción que compromete exclusivamente a quién lo comete. La infidelidad no es una "simple" decisión individual, siempre traerá reacciones y efectos colaterales.

Los infieles que me están leyendo deben considerar que no están lastimando solo a su esposa y a sus hijos. También lastiman al resto de su sistema familiar y social. Los estragos que produce el adulterio son similares a la onda expansiva que se forma en el espejo del agua cuando lanzamos una piedra. La infidelidad irradia sus efectos. Tiene como epicentro el núcleo familiar, golpeándole y cimbrando toda su estructura, pero la onda expansiva continuará su curso causando estragos en el entramado interpersonal completo.

He visto los daños que provoca el adúltero en seis áreas básicas y he registrado la reacción en cadena en el sistema familiar y social en este orden: primero, **en el adúltero mismo**, porque el adulterio es una ruptura a la integridad individual de quien lo comete. A su vez, hiere profundamente a la **esposa,** lastima de manera permanente a **los hijos,** coloca entre la espada y la pared a los **padres** y **hermanos,** pone en "jaque" a los **amigos,** y finalmente, al ser la infidelidad una ruptura de las leyes de Dios, sus efectos trascienden hasta las **esferas espirituales.**

Pensemos en estas seis áreas y analicemos los efectos secundarios que suelen presentarse ante un acto de adulterio.

Una ruptura a la integridad individual

El primer eslabón en la cadena de engaños que produce la infidelidad corresponde al mismo infiel. Cuando esta clase de eventos hace su aparición en una familia, de inmediato pensamos en la parte agraviada, el cónyuge fiel, y cualquiera diría que el infiel la está pasando de lujo, y en efecto así es. Por lo menos antes de que el acto libere todo su veneno y desate sus efectos devastadores en la persona y en el resto de su familia.

Todo inicia cuando la persona infiel, hombre o mujer, le da entrada al acto del engaño. El primer dañado en la cadena será siempre la persona que cede ante la presión de la infidelidad. El sujeto cambia. Su escala de valores se transforma. Compromete sus principios. Rompe su integridad.

La persona que comete adulterio cambia para mal. Se ve diferente y actúa diferente porque es diferente. Su círculo social cambia. Sus gustos cambian. Su nivel de gasto y estilo de vida cambian. Su agenda y horarios son diferentes. Su carácter cambia. Su tema de conversación es diferente. Incluso, las facciones de su rostro cambian! Pero sobre todo, su interior cambia porque el sujeto ya no es el mismo. La Biblia habla mucho respecto a esto cuando nos describe los efectos devastadores de la infidelidad en la vida del infiel. Igualmente, lanza muchas sentencias para que los seres humanos nos guardemos de uno de los actos que más trastoca los planes de Dios para las familias. Y las sentencias no son otra cosa que **consecuencias lógicas a la ruptura de las leyes divinas** que Dios ha establecido sobre los principios que deben resguardar a las familias. Cabe aclarar que en el momento de la aplicación de las consecuencias, Dios no hace acepción de personas. Por ejemplo el rey Salomón, inspirado por el Espíritu Santo escribió sobre el adulterio una sentencia que después le cayó encima a él mismo:

> «El que comete adulterio es falto de entendimiento; *corrompe su alma el que tal hace.*» (Proverbios 6:32 *énfasis mío en cursiva*)

La sentencia, al ser palabra de Dios, es una verdad universal que afecta a todo el que la quebranta, incluyendo al mismo escritor. Salomón fue un hombre infiel. Rompió los principios que él mismo había descrito, y al final, las sentencias que él mismo había declarado cayeron sobre él y su familia. Si pensamos que Dios pasa desapercibido el acto de adulterio estamos completamente equivocados. El caso del Rey Salomón y el de David, su padre, son claros ejemplos de que Dios castiga el adulterio. Con historias como estas, debemos entender que nadie está por encima de las leyes de Dios. Es una pena ver el final de la vida de un rey tan sabio como lo fue el rey Salomón.

«Y cuando Salomón era ya viejo, sus mujeres inclinaron su corazón tras de dioses ajenos… E hizo Salomón lo malo ante los ojos de Jehová…» (1 Reyes 11:4 y 6 *fragmento*)

Lea con detenimiento el capítulo entero (1 Reyes 11) que narra la historia del final de la vida del rey Salomón. El acto de adulterio no queda impune. Tarde o temprano traerá sus efectos, pero los primeros síntomas y reacciones se presentarán en el portador del "virus" y a su tiempo, el infiel verá **corrompida su alma**. La corrosión avanza silenciosa. Poco a poco permea la vida de la persona, quién una vez invadido "contagiará" a los suyos, atrayendo las consecuencias lógicas de sus decisiones.

Una herida profunda para la esposa

Si el primer engañado es el mismo infiel, entonces el primero en recibir los embates del golpe de la infidelidad será la esposa del infiel. Una vez que el infiel ha sido trasformado por completo por los efectos nocivos del adulterio, él mismo terminará por convertirse en el instrumento más peligroso para arremeter contra los suyos. Y la esposa fiel, será el primer blanco de sus múltiples ataques. A través de estas reacciones en la línea de relación **marido-mujer** se pueden hacer cada vez más evidentes las señales de la infidelidad.

Normalmente las agresiones se inician con cambios sutiles en la conducta del esposo infiel que resultarán muy evidentes para el cónyuge fiel. Los cambios de actitud hacia él o ella, según sea el caso, pueden presentarse en las cosas más cotidianas como pueden ser su programa del día, su tema de conversación, su manera de comportarse, sus gustos, sus reacciones ante las demás personas, sus actitudes con la familia, etc.

Con mucha frecuencia el infiel comienza por volverse cada vez más silencioso, hermético y distante. En particular su distanciamiento físico se nota en que cada vez llega más tarde del trabajo, sin embargo, no hay más dinero. Manifiesta una molestia evidente ante la presencia de la esposa. Cuando se encuentran juntos, el tema de conversación del infiel es muy superficial, y cuando se vuelve más personal solo es para emitir alguna crítica a su esposa. Estas críticas se vuelven cada vez más mordaces, constantes y frecuentes e irán subiendo de tono. Críticas a su sazón en la comida, críticas a sus gustos musicales, críticas a su ropa, críticas a su manera de pensar y de actuar, críticas a su cuerpo, críticas a su manera de cuidar y atender a los hijos, críticas a los comentarios que hace ante los amigos, etc. Parece que de la noche a la mañana todo le molesta de su persona.

Se produce un evidente distanciamiento sexual. Las relaciones íntimas se vuelven cada vez más esporádicas y menos satisfactorias. Innegable ruptura de la conexión emocional que se evidencia en la falta de contacto visual. Y muy unido a lo anterior, un apego extremo y obsesivo a su teléfono celular o computadora. Se la pasará horas en el Facebook®, en el Chat, o enviando mensajes Whatsapp® por su celular que típicamente el infiel mantiene con clave de acceso y como zona prohibida para la esposa. Tendrá un sobresalto cada vez que suena el timbre de su teléfono móvil y seguramente pondrá miles de excusas para alejarse para recibir sus llamadas y contestar en privado.

Un individualismo creciente que se hace evidente en la demanda exigente de su tiempo y espacio personal. Si la esposa "invade" su terreno, pronto se pondrá a la defensiva de manera agresiva. Esto derivará en un preocupante distanciamiento familiar, porque el infiel disfrutará cada vez menos del tiempo con su esposa y sus hijos, lo que tarde o temprano resultará en la creación de conflictos constantes. A estas alturas, típicamente el cónyuge fiel notará un enojo creciente de sus hijos en su propia contra. Esto responde a que los hijos ya se dieron cuenta de lo que la esposa fiel hasta el momento ha tratado de ignorar.

Un síntoma que no puede faltar en la conducta infiel es un hedonismo narcisista en aumento. No es autoestima, sino egolatría. Se preocupará cada vez más por su peso corporal, su imagen, su ropa, su auto, su reloj, sus amigos, su tiempo libre, en resumen: su vida individual. Todo girará en torno a sí mismo.

Bendita ignorancia bajo la que viven tantos hombres y mujeres que actualmente están siendo engañados! Ignorancia que les mantiene en su zona de confort. Pero usted sabe que algo está pasando… aunque prefiere mantenerse en el adormecimiento del autoengaño. Todavía se lava el cerebro así misma diciendo en su interior: "Es que él es así", "lo que pasa es que es muy responsable con su trabajo", "bueno… es que mi esposo necesita cada vez más tiempo de esparcimiento con sus amigos", "es que a él le gusta verse bien, por eso pasa tanto tiempo en el gimnasio", "lo que sucede es que está muy tenso, por eso me grita a mí y a los niños", "me dijeron que esto le pasa a todos los matrimonios después del tercer año, o después de la llegada de los hijos".

Sin embargo, si alguna de las situaciones anteriores describe su caso, permítame despertarle a su realidad de un golpe, porque no hay peor ciego que el que no quiere ver. Cuando esta lista de síntomas se presenta y va en aumento, es que algo está pasando y usted no lo debe ignorar. Bajo las situaciones anteriores, dependiendo de la intensidad y frecuencia de los síntomas, o su esposo es infiel o está muy cerca de serlo. De ninguna manera deseo sembrar dudas sobre la integridad de su esposo. Solo pretendo que identifique si algo de la lista anterior está sucediendo, porque cuando el proceso de la caída comienza, continuará su curso. Y si usted reconoce estos síntomas a tiempo, podrá actuar en consecuencia para evitar la infidelidad de su marido.

La sintomatología en el perfil del infiel continúa. Cuando la trasformación ha tenido su efecto completo en el infiel, la inconformidad ante la presencia de la esposa fiel, que aún no se ha dado por enterada de la doble vida del infiel a pesar de los constantes mensajes que éste le ha enviado, pasará a una segunda etapa. El infiel lanzará sus primeros golpes con frases tan lacerantes como son las siguientes:

- "Debo ser honesto contigo y decirte que he dejado de amarte".
- "Lo que pasa es que ya no siento lo mismo cuando hago el amor contigo".
- "Algo se perdió entre nosotros. Pero no eres tú… soy yo" (¡qué consuelo!).
- "Es mejor terminar como amigos, por el bien de nuestros hijos".
- "Creo que deberíamos darnos **un tiempo** para replantear la relación".

Si alguna de las frases produce el cambio deseado por el infiel, que se resume en obtener su libertad, excelente para él. Pero si no es así, continuará subiendo el tono de sus ataques, por ejemplo:

- "Ya no deseo continuar contigo".
- "Me caes mal, ya no te soporto".
- "Tú me obligaste a casarnos, pero yo no estaba listo para dar ese paso".
- "Ya no te amo y nunca te he amado".
- "No te me acerques, entiende que me das asco".

Si su relación llega a este punto seguramente usted entrará en pánico, pensando que ya todo ha terminado, pero no es así, todavía queda mucho por hacer.

Una lesión psicológica permanente en los hijos

La infidelidad produce una herida psicológica permanente en los hijos. Para poder asimilar la manera en la que ellos terminan dañados ante los actos de infidelidad de sus padres, debemos comprender la estructura psicológica del ser humano en uno de sus componentes más básicos: **las figuras parentales**.

Entendamos primero que el ser humano es la suma de dos personas. Dos seres humanos que deciden unirse cual sea su circunstancia. Dos sujetos individuales que terminan por unir sus cuerpos, unir sus planes, unir su tiempo, unir sus recursos, unir sus vidas.

Pues un hijo es el producto de esa unión. Un hijo es la suma de dos. Y con el paso del tiempo, poco a poco y por medio de la convivencia, aquellas dos figuras serán hechas propias por el niño, para que él pueda finalmente formar su propia identidad individual. El mecanismo psicológico por medio del cual el niño se apropia de ambas figuras se llama *introyección*. Es necesario hacer énfasis sobre el asunto de que ambas figuras formarán parte integral del YO del niño, de por vida.

Cuando la infidelidad hace su aparición en el núcleo familiar, el cónyuge infiel produce técnicamente una *escisión* en el YO de su hijo, que le genera confusión entre lo que él piensa y siente. Una grieta insalvable para el infante porque el niño ama a ambos padres, y no puede comprender cómo sucedió que de pronto una parte suya, su padre, dejó de amar a la otra parte suya, su madre.

Es así como los niños entran en una confusión permanente por la conducta del infiel. Se odian a sí mismos porque uno de sus padres rechaza al otro. **La conclusión irracional del niño es que él debe ser el culpable**, después de todo, el niño es el punto de unión de ambos padres y la *única* razón para que ellos permanezcan juntos. Cuando el padre rechaza a la madre, el hijo siente el rechazo como propio. Lo mismo sucede en el sentido opuesto cuando la madre rechaza al padre. La razón fundamental por la cual el niño experimenta el rechazo como suyo, es porque ambas figuras ya son parte del propio ser.

Los pleitos de los padres, a pesar de que sean en privado el hijo los siente. No comprende los detalles, pero sabe que algo anda mal. Porque las actitudes de uno de los padres ante la presencia del otro, inevitablemente son absorbidas por el hijo. Por lo mismo, muchos niños que se encuentran bajo esas circunstancias tan dolorosas, toman la mano del papá y la mano de la mamá y las unen. Porque en su fantasía, tratarán de unir de manera desesperada su propio ser.

Los hijos necesitan ver que sus padres se aman entre ellos, esto les ayuda a crecer con un **autoconcepto** adecuado. De otro modo sentirán un profundo rechazo por ellos mismos.

Trate de asimilar el *impasse* en el que mete el cónyuge infiel a su hijo. La confusión del niño está en que por un lado odia a su madre porque su padre la rechaza, pero a la vez odia que su madre no haga algo por levantar la dignidad y solucionar el rechazo. El niño repudiará la conducta suplicante de su madre y anhelará profundamente su respuesta firme. Pero a la vez, si la madre hace algo por establecer límites, el niño sentirá los límites establecidos por su madre como para sí mismo, y se enojará contra ella porque sentirá que su propia madre lo rechaza a él. Entrará en pánico, porque sentirá que su madre con sus acciones firmes le está arrebatando a su padre. Pero al mismo tiempo siente la injusticia que su padre comete en contra de su madre al engañarla. En resumen, el niño pierde. Cualquiera que sea el resultado, el hijo está perdido.

Si el *impasse* o contratiempo que vive el niño ante los golpes bajos de la infidelidad es difícil de entender y explicar, imagine lo difícil que será para el mismo niño que lo está viviendo.

El resultado será un ser humano que crecerá con un rechazo hacia sí mismo. Con un autoconcepto equivocado y con una baja autoestima. Los resultados saltan a la vista y se evidencian en tantos hombres y mujeres que, inconscientemente, todavía quieren arreglar el conflicto paterno en sus propias relaciones, convirtiéndose en víctimas y victimarios de alguien más. La herida que produce el infiel en sus hijos, es profunda y permanente. A pesar de que el comentario le moleste al infiel, deberá considerar que su enfado no sanará a sus hijos, sino la corrección a su conducta egoísta e infiel. El único que puede poner un verdadero remedio al daño causado y detener este proceso destructivo, es el mismo infiel.

Conflicto en ambas familias de origen

La onda expansiva de los daños subirá poco a poco al siguiente nivel de personas con las que el infiel tiene convivencia. Obviamente los primeros afectados serán los miembros de la familia nuclear, me refiero a la familia compuesta por marido, mujer y los hijos. El siguiente nivel de personas que se verán perturbadas por los efectos de la infidelidad, serán las respectivas familias de origen de cada uno de los cónyuges.

Sus padres y hermanos van a sufrir los daños de su decisión. A los padres se les pone en entredicho entre la nuera y el hijo. Se les pone a elegir entre dos papeles: el papel de suegro y el de abuelo. Es muy incómodo para los padres del infiel convivir con sus nueras y yernos, quienes esperan su apoyo y respaldo. Pero difícilmente los padres darán la espalda a sus propios hijos, a pesar de que se enteren y comprueben su conducta infiel. Los padres no sabrán cómo actuar: si apoyan, *tache*. Si atacan, *tache*. Si opinan, *tache*. Y si no hacen nada, *tache*. Los padres del infiel caminan en un campo minado. Y hagan lo que hagan van a perder.

Aprovecho la coyuntura para referirme al cónyuge fiel y aclararle que la conducta de sus suegros no es personal. Ellos no pueden, aunque quisieran, hacer recapacitar y regresar a su esposo. **¡No busque el apoyo, comprensión y respaldo en sus suegros!** No pretenda que ellos le impartan justicia a su caso. No lesione la relación familiar con sus actos desesperados, porque meterá en un verdadero aprieto a los abuelos de sus hijos. Mejor... ¡libere a sus suegros! No los meta en este conflicto de intereses. En la medida de lo posible, manténgalos al margen. Y usted, identifique sus intenciones y motivaciones más profundas. Reconozca que lo que verdaderamente pretende es meter presión a su esposo infiel para hacerlo regresar a sus brazos. Pero créame, éste, no es el camino adecuado. Por otra parte, si en su enojo usted aleja a sus suegros de su núcleo familiar está vulnerando las raíces de sus propios hijos. No genere nuevos problemas que pueden resultar insalvables para el futuro.

Pone a los amigos en *jaque*

Es en el contexto social en el que todo comienza. Después de todo, antes de que los amantes fueran amantes, eran amigos. Era la mujer con la que el infiel pasaba los mejores tiempos y con quién podía platicar cualquier cosa. Quizá una compañera del trabajo o del gimnasio que experimentaba las mismas presiones a las que el infiel estaba sometido. Y es justo en este contexto social en donde, metafóricamente, se da el golpe a la pelota de frontón que rebotará en el "muro", que bien puede representar al núcleo familiar, y que inevitablemente, por el efecto de la inercia más la fuerza aplicada del golpe, hará regresar a la pelota a su punto de origen.

Lo que quiero explicar con lo anterior es que los efectos de la infidelidad alcanzarán, tarde o temprano, al círculo social del infiel, porque con sus actos lastima también a sus amigos. De hecho, los incomoda porque les coloca en un predicamento, pues los amigos estiman al infiel tanto como a la esposa. Así es que, cada vez que se encuentran en la calle, los pone en un aprieto. Con el pretexto de la amistad, el infiel espera que sus amigos le guarden el secreto. Pero la persona que hace esto, debería considerar que sus amigos jamás pidieron estar en semejante circunstancia. Porque a partir del día en el que lo encontraron con la otra, les convirtió en sus cómplices. Por esto, desde ese momento los amigos ya no pueden mirar a la esposa del infiel a los ojos. Les avergüenza saber lo que saben. Les incomoda. Sienten el efecto de la traición por haberse convertido en los cómplices. Además, constantemente ellos se preguntan, "y si yo estuviera del otro lado y mi esposa me engañara... ¿cómo me gustaría que actuaran mis amigos conmigo?" -La respuesta es obvia.

Es una ruptura a las leyes de Dios

Además de que los daños que produce la infidelidad pueden llegar a ser irreparables en el núcleo familiar, en su familia de origen y en su contexto social, el infiel debe considerar que está jugando con fuego al romper las leyes de Dios. Y es aquí en dónde las cosas se ponen graves, no por asuntos religiosos, sino espirituales.

Cuando una persona comete infidelidad infringe las leyes morales de Dios. Este es el daño más grave que el ser humano puede provocar, porque la mayor trasformación que trae el adulterio al que lo comete, es en relación con su propia integridad. Esto se convertirá en un arma de dos filos: por un lado el infiel debe saber que es a Dios a quien desobedece al desafiar sus leyes. Y por el otro, el cónyuge fiel debe asimilar que el primer interesado en que se descubra la infidelidad, es el mismo Dios, **porque el primer afectado es Dios, no usted**. A pesar de que a usted le hubiera tocado el ángulo más amargo, jamás debe olvidar que es Dios y sus leyes quienes condenan la infidelidad.

Quién diseñó al principio el matrimonio, al instituir las leyes que lo resguardaran, también dijo: "No cometerás adulterio" (Éxodo 20:14). Por otro lado, al hablar expresamente de la infidelidad, inspiró a sus escritores para describir el adulterio y sus consecuencias de la siguiente manera:

> «¿Tomará el hombre fuego en su seno sin que sus vestidos ardan? ¿Andará el hombre sobre brazas sin que sus pies se quemen? Así es el que se llega a la mujer de su prójimo; no quedará impune ninguno que la tocare...
>
> Mas el que comete adulterio, es falto de entendimiento; corrompe su alma el que tal hace. Heridas y vergüenza hallará y su afrenta jamás será borrada. Porque los celos son el furor del hombre y no perdonará en el día de la venganza» (Proverbios 6:27-29 y 32-34 *fragmentos*)

Dios afirma que no recibirá las ofrendas de su pueblo con gusto y les confronta: "Si ustedes se preguntan ¿por qué?, yo les digo, porque yo mismo **soy testigo de la deslealtad que han cometido contra su compañera y mujer de su pacto**" (Malaquías 2:13 y 14 *resumen*). El pacto de lealtad hecho ante Dios debe ser respetado y guardado porque Él tomará muy en serio la deslealtad del hombre ante su mujer.

Las citas anteriores son una muy pequeña muestra de la cantidad tan extensa de referencias que la Biblia hace sobre el tema del adulterio. **Dios aborrece el engaño, la mentira y la infidelidad**. Cuando advierte a todo aquel que piensa en engañar a su esposa siendo infiel, se expresa de manera clara y determinante respecto a las consecuencias que esta clase de acción arrastran consigo.

Basándonos en la manera como Dios ve y juzga el adulterio, la mejor recomendación para el cónyuge fiel es: **déjelo en las manos de Dios**. Entregue a su esposo en las manos de Dios. Él se encargará de destapar el engaño y exhibirlo a la luz pública. Y a usted le guiará sobre lo que debe hacer para superar el infortunio.

Cómo enfrentar la crisis

Después de tratar en consulta a cientos de parejas en las que se ha infiltrado la infidelidad, he diseñado procedimientos muy prácticos para recomendar a las personas que sufren de este revés. Son pasos que en muchos hogares han producido los cambios deseables para comenzar el complejo proceso de reconstrucción de una relación. Aun así debemos admitir que cada caso es diferente y cada uno de ellos traerá consigo una multitud de variables. No obstante, existen una serie de patrones que resultan repetitivos, caminos que siempre se transitan. Estudiando estas secuencias podemos determinar con *relativa exactitud*, el procedimiento más viable para enfrentar el flagelo de la infidelidad.

Saber qué hacer en medio de la tormenta puede resultar un bálsamo ante el dolor emocional y físico que trae este mal. Evidentemente me referiré de manera continua al cónyuge fiel, porque siempre es éste quien pierde el rumbo de la vida al atravesar un episodio tan amargo. Normalmente el cónyuge infiel no busca ayuda y en apariencia no pierde el rumbo. La razón de esto puede deberse a la ilusión que permea el corazón del infiel, producto de las nuevas posibilidades que le ofrece la otra relación. Ilusión que resulta tan efímera como pueden ser los caminos del hombre cuando éstos son entregados a merced y capricho de su corazón.

He dividido este libro en cinco partes principales. Las primeras cuatro partes se refieren a cuatro momentos que suelen repetirse de manera recurrente ante un evento de infidelidad. Cada una de ellas bien puede representar una etapa o circunstancias que usted puede llegar a atravesar al enfrentar esta crisis. En la última parte entraremos al proceso de reconstrucción de una vida lastimada por este azote. A manera de guía, me permito a continuación un breve comentario sobre cada una de estas cinco secciones del libro:

DE LA ILUSIÓN AL DESENCANTO:
Cuando apenas es una sospecha

Este período se inicia cuando la persona presiente que algo no funciona bien en la relación y termina cuando finalmente todo se descubre. El factor desencadenante del inicio de esta etapa puede ser muy variado: una llamada, un mensaje, una mirada, un comentario, cambios de actitudes o acciones que producen alguna sospecha. Pero el final de la etapa, solo es uno: *el terrible y doloroso desencanto que trae el descubrimiento de la verdad*. A su vez, el descubrimiento de la verdad le dará inicio a una nueva faceta que despertará los más profundos temores en el cóyuge fiel.

DEL TEMOR AL PÁNICO:
Cuando todo se descubre

Esta es la etapa más dolorosa y angustiante de todo el proceso. Cuando la persona sospecha algo, siempre mantiene viva la esperanza de que se trate de algún malentendido, pero cuando se llega a desvelar el telón por completo, la verdad salta a la vista y se convierte en una dolorosa realidad. El absurdo que encierra este trance: justo cuando más inunda el temor, se exige la mayor toma de dicisiones. *El inicio de esta etapa comienza cuando todo se descubre y termina al llegar a una decisión, sea el restablecimiento de la relación o la ruptura de la misma.*

DE LA PASIÓN A LA RAZÓN:
Cuando se desea dar otra oportunidad

Esta etapa inicia cuando ambos deciden otorgar otra oportunidad para restaurar la relación y no tiene un límite que determine su final. Lo que quizá podría describir mejor el cierre de este ciclo, es la superación del período de duelo y el comienzo funcional de las negociaciones. Este es un tiempo lleno de cambios y ajustes en el que deben darse procesos muy específicos como el perdón y la reconciliación. Las propuestas de cambio deberán fluir en ambos sentidos, tanto del infiel hacia el fiel como del fiel hacia el infiel. El ingrediente principal para lograr la superación y el éxito en dicha etapa, *es la disposición al cambio. Pero un cambio bajo el dominio de la razón y sin los típicos arrebatos pasionales.*

DEL ODIO A LA LIBERTAD:
Cuando todo termina

Hay quienes verían esta etapa como la derrota definitiva. Yo prefiero describirla como *el tiempo de un nuevo comienzo*. El ideal es que la pareja luche por el perdón y la permanencia, lo real es que esto no siempre sucede. Así es que si la pareja no logra llegar a la reconciliación posterior a un evento de adulterio, ambos deberán encontrar los debidos acuerdos para cerrar este doloroso capítulo y que cada uno pueda rehacer su vida de manera independiente. Si existen hijos, por amor a ellos y por el bien común, deberán lograr los acuerdos que les permitan un trato cordial.

En términos generales, estas primeras cuatro etapas serán descritas y analizadas en los siguientes capítulos. Hablaré de los errores más comunes que los cónyuges fieles cometen en cada una de ellas y expondré finalmente las mejores alternativas que muchas personas han aplicado al enfrentar y superar con éxito esos momentos. El éxito no significa necesariamente que la pareja termine reconciliada y vuelta a reunir, lo que sería el ideal, sino que **la persona logre superar esa prueba en paz consigo mismo y con los demás, sea cual fuere el resultado**.

VOLVER A CREER:
Un nuevo comienzo

Divorcio y nuevo matrimonio. Esto es lo que se pretende evitar al describir en detalle y ofrecer las mejores sugerencias en cada una de las primeras cuatro etapas. Pero tan intenso es el deseo de que los matrimonios duren toda la vida, como dura es la realidad de que no siempre las cosas terminan como es deseable. Por esto, he reservado la última parte del documento para que charlemos sobre las mejores recomendaciones que se pueden dar a las personas que, inevitablemente, entrarán a este proceso en sus vidas.

Durante la travesía que emprendemos en este proyecto, pido a los corazones lastimados por el adulterio que se mantengan en todo momento en las manos de Dios. Esto les permitirá lograr llegar a las conclusiones correctas y a la consecuente y difícil toma de decisiones.

En medio de la tormenta… confíe en que Dios puede y quiere revelar a su caso particular, la guía necesaria para que logre arribar a un mejor puerto.

Comencemos…

De la ilusión al desencanto
Cuando apenas es una sospecha

La imaginación nos tiende malas jugadas. **La imaginación no es la realidad sino una interpretación de la realidad**. La imaginación se crea con base en suposiciones que nosotros podemos hacer, construcciones tendenciosas que nos arrastran por las más oscuras elucubraciones irracionales.

El camino de la imaginación siempre guía a la persona por los senderos más tenebrosos y entrampados de las emociones. La fantasía lleva a la persona a *rumiar* como las vacas, que regurgitan el pasto para procesarlo, masticándolo una y otra vez. Usted ha visto a las vacas por la noche, aparentemente dormidas, pero con el hocico en movimiento que no para de masticar. Así funciona la mente del cónyuge fiel, siempre dándole vueltas al asunto. Asimilando. Masticando. *Rumiando*. Repitiendo una y otra vez cada una de las acciones sospechosas de su esposo. Repasando, una a una las últimas palabras que su marido le dijo en la última pelea.

El primer pantano que el cónyuge fiel deberá superar son los celos. Éstos germinan desde la primera sospecha pero cunden como la *verdolaga y* cuando inundan el corazón, nublan la razón. Los celos se alimentan de la fantasía, de las dudas, de la misma inseguridad de la persona. Los celos son producto del análisis de los eventos que las personas experimentan. Los celos bloquean la capacidad de razonar, hunden a quienes los sufren en secuencias destructivas que terminarán por echar abajo, por completo, su dignidad. Por esto, aquí comienzan las recomendaciones:

¿Cuáles son los hechos?

La primera recomendación para esta etapa, cuando la infidelidad apenas es una sospecha, es: **no se adelante a los hechos**. No investigue. No saque deducciones de los más mínimos detalles, de las miradas, de las palabras, de los movimientos de los ojos, de lo acelerado del pulso del corazón de su esposo, etc. Si usted hace todo esto, se va a desgastar de manera innecesaria. Creará "hechos" a partir de sus más absurdas conclusiones y terminará por acumular más evidencia en contra de su marido. Lo más absurdo es que en muchos casos he observado que son estas acciones las que terminan por "obligar" (yo diría justificar) a su esposo a ser infiel. No le ofrezca más "razones" a su cónyuge para ser infiel. No lo hostigue. No lo persiga. No lo investigue. No lo asfixie. Por el contrario, libérelo. Dele su espacio. Sé que usted piensa que si no hace algo, lo perderá para siempre. Pero créame, por el contrario, si usted *hace algo,* como atosigarlo bajo estas circunstancias, lo perderá para siempre. Si su marido está determinado a ser infiel, terminará por engañarle y usted no podrá hacer nada por evitarlo. Él encontrará cualquier excusa para disculpar su mala decisión. Pero también es cierto que si él no está determinado hacia la infidelidad y usted con su espíritu investigador lo hostiga, terminará por cansarlo y *empujarlo* a cumplir su profecía de infidelidad.

La recomendación cuando inician las sospechas es que aplique la pregunta que el famoso Sherlock Holmes le hacía al Dr. Watson, su fiel asistente: **¿cuáles son los hechos?** La respuesta honesta a esta pregunta no le permitirá *deducir* peligrosamente y llegar a las conclusiones más absurdas e irracionales. La simple respuesta a esta elemental pregunta, además de ubicarle de un golpe en su realidad, le guiará paso a paso sobre lo que tiene que hacer bajo determinadas circunstancias.

He tratado con muchas mujeres a las que parece que les urge descubrir al infiel. Se ven tan enojadas… tan celosas… tan alteradas que expresan con profunda indignación: "¡A mí no me ven la cara!". Yo, siempre me remito a la simple pregunta, *¿cuáles son los hechos?* Es sorprendente la cantidad de mujeres que logran obtener las más intrincadas **deducciones** de las más mínimas acciones y *actitudes* de su marido. Ante la pregunta: *¿lo descubrió con otra mujer?,* la respuesta habitual es: ¡Pero claro que no! Entonces sé que sus conclusiones son producto de sus deducciones y que no están sustentadas en hechos. Bajo este contexto, surge de inmediato la segunda recomendación:

Prepárese para saber qué hacer

Usted debe actuar bajo hechos, jamás sobre suposiciones. Considere que esto implica que si usted le descubre «algo» a su esposo, es decir, un hecho que compruebe su infidelidad, estará *obligada* a tomar cartas en el asunto. De lo contrario, su marido se volverá cínico. Así es que, antes de iniciar una guerra como esta, deberá estar preparada para saber cómo enfrentarla. Por un momento deje de pensar en la presunta conducta infiel de su marido y responda sin arrebatos a la pregunta: ¿qué haría yo si lo descubriera con otra mujer?

Se dará cuenta de que no tiene una respuesta clara. Muchas mujeres ante la pregunta anterior me han respondido con ligereza: ¡yo lo dejo y me voy de la casa! Sé que es su estómago, su corazón o cualquiera otra de sus vísceras la que me está contestando y no la razón pura. Entonces elaboro una serie de preguntas tan simples como: y... ¿a dónde se iría y por cuánto tiempo? ¿Dónde dormirían sus hijos? ¿Cuenta con ahorros? ¿Cómo piensa mantenerlos? ¿Sus padres le recibirían en su casa? ¿Cuánto tiempo podría aguantar usted la separación? ¿Será lo mejor que usted salga de su casa? ¿No sería mejor para todos, incluyendo a su esposo, que sea él quien salga de su casa?

Detenga la lectura por un momento y trate de contestar las preguntas anteriores. De este modo sabrá si tiene un verdadero plan que pueda darle un resultado positivo o si su respuesta ante una situación tan intensa le producirá sólo una reacción visceral. A estas alturas la mente comienza a retomar el control hasta lograr arrebatarlo por completo al estómago. En la consulta, en este punto normalmente la mujer corrige y me dice ¡pues mejor que se vaya él de la casa!

Quizá ésta sería una mejor respuesta, pero entonces las preguntas continúan: ¿Qué les diría a sus hijos? ¿Cómo piensa vencer la tentación de buscar a su marido? ¿Podría aguantar para no ser usted quien pida que regrese? Y si la distancia se prolonga demasiado... ¿podrá aguantar la presión que esto produce?

En fin, lo que busco que usted asimile en este punto es que cuando *apenas se trata de una sospecha,* debe evitar investigarlo a él y mejor concéntrese en usted misma. ¡Hay tanto en qué pensar! Tantos temores por enfrentar, tantas dificultades por resolver cuando se llega a la segunda etapa -cuando todo se descubre-, que no es conveniente que se adelante. Por ahora, nos quedamos en la primera etapa. Mientras apenas sea una sospecha, le tengo algunas recomendaciones más:

Prohibido «tripear»

Uno de los modismos que cada vez adquiere más usos en el lenguaje cotidiano es el término «tripear». Sin acudir a la gramática sino a la semántica, para entender el significado del término y el uso que deseo darle, primero nos encontramos con que *tripear* es un anglicismo diseñado y utilizado por los adictos, quienes lo emplean cuando quieren decir que una persona ha consumido algún estupefaciente, y por los efectos embriagantes del alcaloide se encuentra perdido en su *trip,* (viaje en inglés). Si aplicamos este criterio a la mujer que *tripea,* podemos pensar que se encuentra atrapada en un *viaje imaginario de su mente* y no necesariamente que hubiera consumido algún narcótico.

Otro uso vulgar del término *tripear* se asocia con las acciones estomacales. Ya que las *tripas* se activan al comer, "*tripeamos* con las tripas". Esto añade un significado físico al uso del vocablo. Por lo mismo también podemos pensar que cuando alguna persona *tripea,* inicia un viaje imaginario de su mente que termina por producirle reacciones fisiológicas estomacales.

Y ya que salen a la luz las tripas podemos añadir un tercer significado, puesto que el estómago se asocia también por su función y composición a las emociones, se puede asumir que *tripear* también se relaciona con las reacciones emocionales que producen determinadas situaciones.

Permítame contribuir a la *descomposición* de nuestro idioma, utilizando el término «*tripear*», para aludir a las tres acepciones anteriores. En este contexto, **cuando digo que una persona «tripea», me refiero a que se encuentra en un viaje imaginario que mientras dure en su mente le estará produciendo reacciones viscerales o estomacales que terminarán por generarle cambios y reacciones emocionales**.

Entendido el término entonces, lo peor que usted puede hacer cuando comienzan las sospechas de infidelidad de su pareja es *tripear*. Tripear le conducirá por tres caminos equivocados. En primer lugar, le llevará a elaborar historias imaginarias que poco a poco le conducirán hacia más conclusiones irracionales. En segundo lugar, le llevará a reacciones viscerales que involucrarán daños serios en su cuerpo y por ende a su salud, reacciones físicas que escaparán a su control. Finalmente, *tripear* le llevará a la pérdida del contacto con la realidad, produciendo en usted toda clase de reacciones emocionales: enojos que le hagan perder el control, temores muy primitivos, celos cada vez más intensos y una profunda tristeza que rayará en una depresión.

Bajo estas circunstancias, el bloqueo mental que producirá, nublará su buen juicio justo cuando se requiere de usted mucha mayor lucidez y claridad mental. Por lo mismo, insisto, *prohibido tripear*.

No analice los recuerdos

Las personas que viven celos intensos producto de *tripear* de manera constante requieren liberar su corazón de las cadenas emocionales. Estas cadenas enredan a la persona haciendo que pierda su dignidad y que se vuelva cada vez más **exigente** o peor aún, **suplicante**. Si usted ha determinado entregar en las manos de Dios a su presunto infiel, no insista en retomar el caso juzgándole en su mente, inspeccionando sus más sutiles movimientos, analizando sus comentarios, tratando de encontrar "pruebas" en sus actitudes y posturas corporales. Lo único que obtendrá así es un enredo emocional que le conducirá hacia las más profundas secuencias emocionales que no le ayudarán a resolver el problema.

Permítame narrarle el caso de una pareja, para dejar en claro las secuencias emocionales y la manera en la que se enreda la persona que toma este camino equivocado. Se trata de una mujer de treinta años que sospechaba de la fidelidad de su marido. ¿Había descubierto algo real hasta el momento? La respuesta es ¡No! Todo este proceso estaba basado en la fantasía de la mujer. Y no digo que el marido fuera fiel, solo que hasta ese momento, a ella no le constaba nada. Todo era producto de la "intuición femenina". Para obtener una mayor claridad, desarrollaré el relato en escenas. Usted acompáñeme en la secuencia observando los resultados obtenidos en cada una de ellas:

Primera escena: «*El comienzo*». El marido llega apresurado a la casa. Le dice a su esposa que tiene una cita con su amigo *fulano*. Ella simplemente le dice "Está bien". Él se apresura, se baña, se cambia y sale rápidamente de su casa.

Segunda escena: «*El recuerdo*». La esposa permanece en casa y comienza a surgir el proceso de análisis del recuerdo. El evento de la llegada del marido a la casa y todo lo sucedido, para ese momento ya es un recuerdo. El proceso sigue su marcha y ella piensa: "Me dijo que iría con su amigo *fulano*… ¡pero este amigo nos dijo la semana pasada que estaría fuera de la ciudad para estas fechas!". Notará que la mente trabaja muy rápido bajo la presión de las circunstancias emocionales.

Tercera escena: «*La Chota*». Una vez analizados los recuerdos, brota en la mujer el espíritu policíaco e inicia sus investigaciones. Después de todo, en su diálogo interno se dice *"sus palabras sonaron sospechosas"*. El aroma de la habitación le dice que el marido se perfumó. Abre el closet y en un escaneo casi computarizado la mujer sabe cuál fue la ropa que el marido se llevó. De inmediato *deduce* que se trata de su camisa y pantalón preferidos. En esta escena se podrá ver a la mujer en la recámara y el baño, husmeando por los rincones. Inspeccionando. Rastreando en la búsqueda de algo que incrimine a su marido en su *acto* de infidelidad. De pronto… ¡Eureka! Encuentra los más pequeños detalles que le indican, con "certeza" que su marido tendrá un encuentro sexual con otra mujer. No podría imaginar los extremos a los que una mujer policía puede llegar en la búsqueda de la "verdad". La mujer aterrada siempre actúa bajo el dominio del corazón, no bajo la lógica de la razón. Bajo esos extremos, en algunas ocasiones hasta me han llevado prendas manchadas del *presunto culpable* al consultorio, porque la mujer quiere que yo determine si la mancha que aparece ahí… ¡es una prueba de infidelidad! Por supuesto que me he negado a acceder a tales peticiones. Cuando me dicen, abriendo su bolso, que si quiero ver la prenda, prefiero decirles que guarden sus "cositas" porque no soy la persona indicada para esta tarea, y que si se trata de analizar manchas, mejor lleve la prenda a un laboratorio.

Cuarta escena: «*Reacción visceral*». A estas alturas, la investigación está a su máxima expresión. La mujer *tripea* sometiendo la razón a las demandas del corazón. Las deducciones llegan en avalancha, logrando despertar las más bajas pasiones. Este es el momento en el que ella toma el teléfono, diciendo en su interior "¡faltaba más! A mí no me verá la cara de tonta. Ahora mismo yo le pondré fin a esto".

Marca el número celular del esposo, casi rompiendo el teclado con sus dedos, y en un arrebato emocional y con un tono grosero le dice"¡Me dijiste que verías a *fulano* cuando él nos dijo que estaría fuera de la ciudad! ¿Crees que soy tonta? ¡Tú eres el imbécil! ¡Sé que estás con tu amante! Pero ya nos perdiste. No vas a encontrarnos esta tarde cuando llegues a la casa porque me llevo a los niños".

El marido escucha sin decir una sola palabra. Cuando ella termina de recitar su letanía, él simplemente se limita a responder con un tono tranquilo y sereno: "Te veo en la tarde en casa. *Bye*", ¡y cuelga!

Quinta escena: «*Remordimiento*». La mujer retoma lo sucedido, repasando cada palabra que le dijo a su esposo. Cada insulto. Cada reacción. Sabe que ella habló… y después pensó. Sabe que su *tripeo* le traicionó y le hizo actuar impulsivamente. Ahora su estómago la lleva directo a otro pantano, el pantano del remordimiento. La respuesta tranquila y mesurada del marido le añade culpa a ella que queda pensando. "Y… ¿si no estuviera con otra? Y… ¿si no me engaña? Y… ¿Si solo soy una celosa controladora? Creo que me estoy volviendo loca. ¡Hasta hablo y me comporto como loca! Él es un buen hombre, yo soy la culpable de que esto no funcione. Yo estoy mal."

Este proceso reflexivo logra trasformar a la mujer enojada en una mujer abstraída y muy arrepentida. Una mujer "agachona" que está dispuesta a todo antes que perder a su marido. Dispuesta incluso a perder su propia dignidad y por esto terminará por dar el último paso:

Última escena: «*La súplica*». En esta última escena, veremos a una mujer doblegada, suplicante, débil y temerosa, que llorando tomará el teléfono y dirá al marido: "¡Perdóname por todo lo que te dije! Lo que pasa es que tengo tanto miedo de que me engañes. Eres un buen hombre, yo soy la loca. Te prometo que voy a buscar un psicólogo pero por favor, dime que me quieres! Quiero escuchar que me perdonas y que todavía me amas. Por favor, antes de que cuelgues… dilo".

El marido escucha y se limita a responder lo mismo que antes le dijo: "Te veo en la tarde en casa. *Bye*."

Al colgar, ella queda insatisfecha, culpable, celosa, temerosa, devastada, con una estima que alcanza su más profunda crisis. Lo peor de todo este doloroso escenario es que ¡quizá el marido sí estaba con otra mujer!

Si usted puede identificarse con alguna de las escenas anteriores, evite a toda costa que el proceso siga su curso. Lo único que logrará es destruir su estima y perder su matrimonio. Bajo las secuencias emocionales destructivas, la sugerencia es: **¡deténgase!**

He prescrito a muchas mujeres y hombres que se encuentran bajo las secuencias destructivas de los celos, dos caminos muy prácticos que les han permitido liberarse de las más oscuras trampas emocionales.

La primera recomendación es: **devuelva el control ejecutivo a la razón**. Salga del espiral destructor de la estima, arrebatando el control operativo a su estómago. Simplemente **piense con la cabeza no con los intestinos**.

A pesar de que lo anterior podría verse como una recomendación muy superficial, verá que trae mucho de fondo. **Primero,** piense que hay muchas cosas en juego. Solo por citar algunas cuantas: su matrimonio y su familia, su corazón y sus afectos, su futuro, su dignidad, la estructura psicológica de sus hijos, su salud emocional, su patrimonio y muchas otras cosas más. *No puede ni debe poner tantos valores en manos de sus emociones que son inciertas y que se encuentran sumamente lastimadas e inestables al atravesar una situación como la antes descrita.*

En **segundo** lugar considere que la desilusión apenas marca el comienzo. Si usted experimenta de manera continua secuencias emocionales como las anteriores, debe considerar la posibilidad de que *apenas atraviesa la etapa de la ilusión al desencanto.* Esto nos dice que aún queda mucho camino por recorrer.

En **tercer** lugar, considere que se encuentra justo en el punto en el que normalmente las cosas *empeoran con reacciones impulsivas, producto de la falta de controles emocionales de alguna de las partes.* Ante la desesperación y lo angustiante que puede resultar ver que su marido se aleja cada vez más de usted, su capacidad de razonar se nubla, generando en principio una percepción equivocada de usted, pero también, malas decisiones en cuanto al manejo adecuado de la situación.

La segunda recomendación ante una secuencia destructiva de celos la llamo: **un cambio de escenario**.

Ambas sugerencias van de la mano. Si observa detenidamente la gráfica que muestro a continuación, notará que las dos sugerencias se aplican justo cuando la persona da **el segundo paso,** en esta escalera que lleva a las profundidades de la tristeza y la desesperación. La aplicación de ambas sugerencias le liberarán de continuar avanzando hacia abajo rumbo a la destrucción de la propia estima. Un *cambio de escenario y devolverle el control ejecutivo a la razón*, pueden efectuarse en un momento como estrategias que impidan que usted de vueltas en círculos.

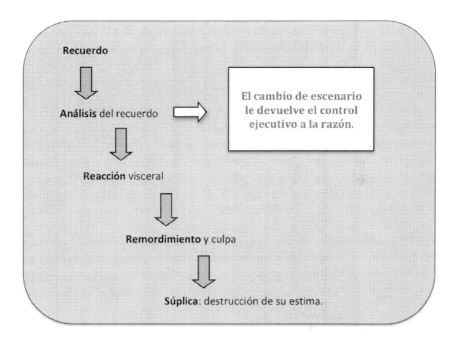

Debemos admitir que luchar por quitar un pensamiento siempre será una batalla perdida. Por lo mismo, ambas prescripciones buscan precisamente ayudar a que la persona se libere de un pensamiento. Permítame ejemplificar ambas sugerencias de otra manera:

Piense en el color rojo. Quizá puede pensar en algo que tenga ese color: puede ser su auto o alguna prenda de **color rojo**, alguna pantalla **roja**, etc. Bien, ahora trate de NO pensar en el **color rojo**. Quite por completo de su mente el **color rojo**. Pero que no quede ni pizca de la imagen **roja**. Ni su auto **rojo**, su prenda **roja** o la pantalla **roja**. Notará que a pesar de sus esfuerzos, no le será posible desaparecer el color **rojo** de su mente, y mucho menos porque yo atraigo a su memoria el **color rojo** con mis comentarios insistentes, al mencionarlo una y otra vez.

Así funciona nuestra mente. Entre más insistimos en borrar algún evento o circunstancia, la reforzamos y la atraemos una vez más. Un cambio de escenario funciona de la siguiente manera: **piense en el color azul**. Quizá pueda recordar el momento en el que usted contempló uno de esos días que el cielo exhibía un tono azul profundo. Por cierto, mientras escribo esta pare del libro es víspera de Navidad y me encuentro en una cabaña en los bosques de Mazamitla. Puedo observar el marcado contraste que el azul del cielo hace con el verde profundo del bosque. Incluso, a la distancia, puedo contemplar los diferentes tonos de azul del que se cubren las montañas, mezclándose el azul del cielo con el verde del bosque. Bien, con este ejercicio, su mente ya efectuó el cambio de escenario. Usted ya no está pensando en el color rojo, sino en el azul.

Suponiendo que el color rojo representara el sentimiento que le despierta el recuerdo de las sospechas que tiene sobre la infidelidad de su cónyuge, por más que se esfuerce, no podrá evitar pensar en esto. Pues no luche por quitar de su mente las ideas que le arrastran, de manera constante, hacia el camino de los celos. Mejor, piense en el "color azul", que en este caso podría ser algún evento que le trajo mucho bienestar a su vida. Por ejemplo algún período vacacional, la visita de alguien a quién usted ama mucho, algún proyecto que usted planea y que le ilusiona, etc. Para que logre neutralizar el efecto negativo de los celos, *este evento deberá tener la misma fuerza e intensidad positiva que la fuerza negativa con la que viene cargado su recuerdo doloroso.*

Otro ejercicio que usted puede hacer consiste en concentrarse también en el proceso de análisis del recuerdo. Sólo que es la razón y no el corazón quien le da a la mente el objeto en que debe pensar. *De igual manera, el objeto de nuestro pensamiento deberá ser algo profundo, positivo y que nos proporcione crecimiento personal.*

Como sugerencia, hay algunos pasajes bíblicos dignos de reflexión y profundo análisis. Transcriba estas citas en una tarjeta o en su teléfono y en el momento en el que su mente le «exija» el análisis de los recuerdos, que ahora sabe que le conducirán inevitablemente a más reacciones emocionales, **lea y analice estas palabras**. Piense qué significan. Qué quiere Dios resaltar cuando Él habla por boca de sus apóstoles y dice:

>«Pues aunque andamos en la carne, no militamos según la carne; porque las armas de nuestra milicia no son carnales, sino poderosas en Dios para la destrucción de fortalezas, derribando argumentos y toda altivez que se levanta contra el

conocimiento de Dios, y llevando cautivo todo pensamiento a la obediencia a Cristo.» (2 Corintios 10:3-5)

Las palabras claves son: **fortalezas**, **argumentos** y **pensamientos**. Dios nos invita a vivir libres de los pensamientos que producen «fortalezas», que son esos *bloqueos* a los que nos conducen los *pensamientos*, cuando sus *argumentos* producen reacciones emocionales en nosotros. Ahora, analice qué es la obediencia a Cristo y cómo esta obediencia nos puede ofrecer una puerta de salida ante semejantes atolladeros.

Otra cita que nos ofrece mucho material de análisis es aquella que nos invita *a vivir de acuerdo a una nueva manera de pensar*. A despojarnos del viejo hombre y a revestirnos de un nuevo hombre creado según Dios. La cita dice:

> «En cuanto a la pasada manera de vivir, despojaos del viejo hombre, que está viciado conforme a los deseos engañosos, y renovaos en el espíritu de vuestra mente, y vestíos del nuevo hombre, creado según Dios en la justicia y santidad de la verdad.» **(Efesios 4:22-24)**

En este segundo caso las palabras claves son los verbos que indican las **acciones por hacer**. Los verbos citados en modo infinitivo son: **vivir**, **despojar**, **renovar** y **vestir**.

Son las acciones que nos pueden llevar a la libertad sobre nuestro modo de pensar ante un "viejo hombre viciado". Lo que significa que nosotros, antes de ser trasformados por el poder de Dios vivíamos controlados por acciones que nos arrastraban inevitablemente a ser atrapados por aquellos "vicios", que no son otra cosa sino patrones destructivos de conducta que ahora es posible trasformar mediante el nuevo hombre creado según los designios de Dios.

> «Tú eres mi refugio; me guardarás de la angustia; Con cánticos de liberación me rodearás.
> Te haré entender y te enseñaré el camino en que debes andar; Sobre ti fijaré mis ojos.» **(Salmos 32:7-8)**

En el caso de esta última cita, le recomendaría leer el salmo completo y prestar mucha atención a los dos versos antes escritos. Léalos una y otra vez. Verá que encontrará un descanso para su angustia y temor. Pero principalmente, encontrará una guía continua que le acompañará cada día a superar este episodio tan amargo.

El rey David, autor de muchos salmos, experimentó la angustia, el dolor, la depresión, la tristeza, el temor, el rechazo, etc., y bajo las circunstancias emocionales más intensas, fue inspirado por el Espíritu Santo a escribir palabras de consuelo y fortaleza. Por lo tanto, utilice estos escritos para ocupar su mente en algo positivo y contructivo. La Palabra de Dios le dará descanso a su mente y confortará su atribulado corazón.

Usted deberá ayudar a su mente dándole elementos positivos en los momentos más críticos. Ayude a su corazón ofreciéndole aquel bálsamo que produce la Palabra de Dios. Las citas anteriores contienen promesas de parte de Dios que usted necesita escuchar. Acuda a ellas, aprópielas y bajo ninguna circunstancia olvide que justo ahora… *Dios está pensando en usted.*

Del temor al pánico
Cuando todo se descubre

La pérdida del cónyuge es uno de los factores más estresantes que el ser humano puede llegar a enfrentar. He atestiguado que el dolor que el infiel produce a su esposa con su infidelidad, es equiparable a su muerte. Quiero decir que el cónyuge fiel, bajo el trauma del engaño, vive un duelo tan intenso como la misma muerte. Y en efecto, es equiparable porque muchas cosas se pierden ante la ruptura del pacto matrimonial. El futuro queda incierto, la herida al amor propio permanece abierta por sentirse despreciada, el temor de perder la vida que giraba en torno al esposo, el dolor que produce la ausencia de la figura paterna en los hijos -que la persona jamás contempló vivir-, el ver a la persona que se ama y necesita, ilusionado y de la mano de alguien más… ¡amando a otra persona! Escenas desgarradoras que no terminan. Muchas mujeres me han confesado en consulta, en un genuino sentimiento de dolor natural y no de venganza: "Hasta he pensado que yo estaría mejor, si en lugar de haberme engañado, él se hubiera muerto". La expresión viene de comparar el dolor de la pérdida afectiva con el dolor de la misma muerte.

> «Ponme como un sello sobre tu corazón, como una marca sobre tu brazo; *Porque fuerte es como la muerte el amor, duros como el Seol los celos*; sus brazas, brazas de fuego, fuerte llama.» (Cantares 8:6 *énfasis mío en cursiva*)

Dios sabe que los celos son como el mismo sepulcro, porque Él mismo los ha experimentado. Su Espíritu nos anhela celosamente. Nos ama como puede amar un padre a su propio hijo. Cuando le dio la ley a su pueblo Israel, se reveló a ellos como: "Dios fuerte y celoso" (Éxodo 20:5). Así como nosotros demandamos exclusividad de parte de la persona que amamos, **Dios mismo demanda la exclusiva de nuestra fe**. Quiere nuestro corazón. Quiere nuestra confianza. Quiere nuestro compromiso permanente. En la Biblia se compara la relación entre Dios y la iglesia con la relación de una mujer con su marido. Cuando nosotros anteponemos a alguien o algo antes que a

Dios, Él experimenta el intenso dolor de sentirse sustituido, puesto a un lado, rechazado, no amado. Usted sabe lo que esto significa, porque también lo ha experimentado.

La "única" diferencia entre Él y nosotros, al menos respecto a esto, es que a Dios no se le acaba el mundo cuando es traicionado, como en efecto sucede con nosotros. Él no pierde el rumbo ante nuestras infidelidades religiosas y espirituales. Dios tiene un plan trazado desde antes de haber fundado el mundo y su plan continuará, como dijera en su discurso el fallecido Clouthier: "Con nosotros, sin nosotros o a pesar de nosotros".

¿No será posible que las personas vivamos de esta manera, con esa paz y libertad? La respuesta es: ¡definitivamente sí! De hecho, es esta clase de decisiones las que librarán del extravío existencial que inunda a la persona que ha sido traicionada con acciones como la infidelidad.

Esta es la pregunta que pretendo responder en esta segunda sección: ¿Qué hacer cuando todo se descubre? ¿Cuál es la mejor manera de manejar el temor de sentirse perdido? ¿Cómo evitar que ese temor se transforme en pánico paralizante? ¿Cuáles son los pasos adecuados que la persona debería tomar ante semejantes circunstancias? Frente a la serie de preguntas anteriores, se entiende que la persona deberá tomar también una serie de decisiones que le ayuden a soportar el dolor y le ofrezcan un genuino cambio de actitud. Así es que, comencemos con la primera recomendación:

Entregue a su infiel en manos de Dios

Si usted acepta que la infidelidad es primeramente una ruptura a las leyes de Dios, también deberá admitir que Él tomará cartas en el asunto. *Quien comete adulterio desafía las indicaciones directas de Dios, y es a Él ante quien el infiel dará cuentas.* Usted, por su parte, libérese del temor que le llevará al pánico. Escape del deseo de venganza que le conducirá a compartir la culpa que le corresponde a su marido. Y ante todo, cuídese de no convertirse en otro infiel. Porque si usted no deja a su infiel en las manos de Dios, terminará declarando y admitiendo su propia infidelidad. Y no me refiero necesariamente, aunque cabe la posibilidad, a que usted terminará engañando a su marido, sino a su creador. Porque esos *temores* tan intensos, esos *celos* que le inundan y esa

14

pérdida del sentido de la vida ante la infidelidad de su esposo, **tienen una raíz de idolatría.**

El cónyuge fiel que atraviesa una tormenta como esta, requiere refrendar su lealtad a Dios. Las crisis existenciales que refieren a todas aquellas circunstancias que dejan al hombre sin rumbo en la vida son siempre el mejor tiempo para poner a prueba dos cosas: **su escala de valores** y **el orden en el que se encuentran sus prioridades.**

Jesucristo en respuesta a la pregunta honesta de un hombre nos ofrece una correcta escala de valores y un adecuado orden en las prioridades. Seguramente usted ha escuchado el relato. La pregunta fue: "¿Cuál es el principal y más grande mandamiento?" La respuesta es muy puntual:

> «El primer mandamiento de todos es: Oye Israel, el Señor nuestro Dios, el Señor uno es. Y amarás al Señor tu Dios con todo tu corazón, y con toda tu alma, y con todas tus fuerzas.» (Marcos 12:29-30 *fragmento*)

Observe lo enfático que suena el Señor cuando dice que debemos entregar el corazón a Dios en su totalidad y con todas las fuerzas. **Dios demanda el primer lugar en nuestra escala de valores y prioridades.** La consecuencia de no ser honestos en la entrega de **todo** el corazón y las fuerzas a Dios, es dolor. Y posiblemente usted es testigo de esto porque quizá ha otorgado a su esposo el lugar que solo le puede corresponder a Dios. **Ha amado a su marido con todo su corazón, con toda su alma y con todas sus fuerzas.**

Cualquier persona o cosa que ocupe el lugar de Dios caerá sobre nosotros. Por ejemplo, si amamos a nuestros hijos, como Dios demanda ser amado, ante la muerte de alguno de ellos vamos a sufrir lo indecible. Si amamos a nuestro cónyuge como solo se le debe amar a Dios, y muere o nos traiciona, caerá la consecuencia de esto sobre nosotros. Si amamos el dinero o el empleo como sólo se debe amar a Dios, seguramente en su momento lo lamentaremos.

El primer lugar en nuestras vidas no debe ser ocupado por nada ni nadie que muera, se desgaste o traicione. Las alternativas entonces se cierran a uno solo: **Dios.** Él es el único que no muere, no deja de amarnos y seguramente no traiciona. Es una garantía amarle con todos nuestros recursos: con todo el corazón, con toda la mente y con todas las fuerzas.

Entonces le invito a que analice quién ocupa el trono de su corazón, porque si no es Dios, corre un verdadero peligro. Y si usted atraviesa un intenso dolor por la traición de su marido infiel, quizá deba hacer primero un análisis de su escala de valores y sus prioridades. **Tal vez se sorprenda al descubrir que antes de que su marido fuera infiel, usted ya lo era.**

Hacer operativa la entrega de su infiel a Dios incluye dejar que sea Dios quién trate personalmente con él. Comprendo que no sea una tarea fácil, pero asimile que no tiene otra alternativa. Si usted toma en sus manos a su infiel, terminará mal herida.

Le animo a que lea con todo detenimiento el Salmo 37. Me encantaría transcribir todo el texto haciendo énfasis en algunas de las promesas escritas, pero mejor tómelo como una tarea para usted. Léalo y extraiga del relato dos cosas: **las indicaciones expresadas en verbos y las promesas para usted, como resultado de su obediencia.** La siguiente, es una pequeña lista en paráfrasis de parte de las indicaciones y las promesas que Dios ofrece en este Salmo:

Indicaciones y promesas:

✓ No te impacientes a causa del que hace lo malo y no tengas envidia del que pervierte sus actos. *Porque al final, verás que quien actúa así, como la hierba verde se secará.*
✓ Tú, confía en Dios y haz lo bueno *y te apacentarás de la verdad.*
✓ Deléitate en Dios *y Él te concederá las peticiones de tu corazón.*
✓ Encomienda al Señor tu camino y confía en Él *y Él hará. A su tiempo exhibirá tu justicia y tu derecho como la luz del día.*
✓ Guarda silencio delante de Dios el Señor y espera en Él.
✓ *Hay un final dichoso para el hombre de paz.*
✓ Deja la ira y desecha el enojo. No te dispongas a hacer lo malo.
✓ *La salvación de los justos es Dios y Él es su fortaleza en el tiempo de la angustia.*

En medio del temor y la angustia bastará una leída a esta lista de indicaciones y promesas contenidas en el Salmo 37 para que sienta el cobijo de Dios. Pero crea en Dios al extremo de obedecer lo que Él manda. Aprópiese de las promesas que Él le brinda y atienda a sus indicaciones. Es tiempo de dar el primer paso: *entregue a su infiel en manos de Dios y* usted, ríndase en los poderosos brazos del Creador. Deje que la mano de la Providencia tome el control de la situación. Confíe en que Dios tomará en cuenta el engaño de su marido. Después de todo, a partir de que usted entregue a su infiel en manos de Dios, el caso se convierte en su asunto. Dios no deja sin consecuencias a quién decide romper sus leyes claramente reveladas como es el caso del adulterio.

El infiel marca el paso

Como antes le decía, siempre debe comenzar por asegurase de que está identificando hechos y no cayendo en suposiciones. A estas alturas yo sobreentiendo que usted ya descubrió a su esposo en el acto mismo de adulterio. Esto, producto del hallazgo de notas escritas, mensajes de celular comprometedores, correos electrónicos muy sugerentes o que en efecto, usted descubrió infraganti al infiel con la otra mujer.

Bajo semejante circunstancia, la segunda recomendación al atravesar esta etapa, es **observar las actitudes del infiel**. Porque el procedimiento más adecuado a seguir, curiosamente, lo establece la conducta del infiel. Las actitudes del infiel ante el hecho de haber sido descubierto en el engaño, le ofrecerán a usted mayor certeza en el momento de tomar el camino y las decisiones que deba seguir. Piense en lo siguiente: ante un acto de infidelidad, si tuviera que elegir ¿qué camino preferiría? **Que su esposo confesara su infidelidad… o que usted lo descubriera infraganti**.

Evidentemente el cónyuge infiel **que confiesa** su engaño, deja el antecedente de una actitud de arrepentimiento ante sus actos equivocados. A diferencia del sujeto que fue descubierto, que siempre dejará la duda punzante en su esposa: **¿qué hubiera sucedido si yo no lo hubiera desenmascarado?**

Por lo mismo, las cuestiones que debe usted plantearse son: ¿Qué actitudes ha tomado su esposo después de haber sido descubierto? ¿Cuáles fueron sus palabras? ¿Qué acciones ha tomado? ¿Cuáles son sus hechos?, y principalmente,

¿qué resulta de la suma de sus acciones? Como verá, necesitará remitirse una y otra vez a los hechos.

Bajo estas circunstancias, debe tener cuidado de actitudes fingidas que solo reflejan remordimientos. Porque en prisión, usted encontrará pura gente "arrepentida" de los actos que les llevaron al encierro. Pero verdaderamente son pocos quienes después de haber incurrido en algún delito y quedar presos, han comprendido la profundidad de sus actos. Es cierto que esa porción de la población, que permanece presa o que ha cumplido su condena, que ha asimilado los efectos de sus actos, está plenamente reformada y readaptada. Sin embargo, seguramente no todos los presos han logrado un genuino arrepentimiento que les lleve a un cambio auténtico, y lo que dejan ver, es remordimiento no arrepentimiento.

De la misma manera, muchos hombres y mujeres que han sucumbido bajo las redes del engaño, han entendido el dolor que han producido a su pareja e hijos con su decisión, y verdaderamente desean reconstruir su matrimonio y familia. Sus actos, son genuinos y congruentes con sus palabras. Por ejemplo, han roto todo vínculo con la otra persona, han hecho un cambio radical en sus actividades diarias, hacen un giro de ciento ochenta grados dando la espalda a su antigua conducta que evidencia su arrepentimiento. Buscan por todos los medios reivindicar sus malos actos, y con paciencia, soportan el proceso de recuperación emocional del cónyuge lastimado.

Otros, dicen estar arrepentidos, pero sus actos demuestran lo contrario. Persisten en sus acciones. Mienten. Engañan con medias verdades. Simulan. Lastiman. Compran tiempo para "despedirse" de su amante. Hay hombres que dicen estar arrepentidos pero que no dejan de permanecer en contacto con la otra mujer, que dicen que les duele haber engañado a la esposa, pero que mantienen los números telefónicos de la amante en sus agendas, ocultos en su teléfono. Que muestran más misericordia hacia la "amiga" que hacia la misma esposa. Incluso el marido que no ha determinado romper de tajo con la otra mujer, hace que su esposa sea parte de su estado de locura. Le platica lo que extraña a la otra, y cuando habla de ella... ¡llora! Y la esposa, *por temor,* soporta con paciencia esta humillación *consolando* a su marido. Todo para aparentar ser la esposa "ideal".

La mujer que es movida por sus temores y se mete en un abismo como el antes descrito, sólo fortalece el enredo mental y emocional de su marido. Si usted se encuentra en medio de esta calamidad, escuche la voz de Dios:

«Por cuanto no se ejecuta luego sentencia sobre la mala obra, el corazón de los hijos de los hombres está en ellos dispuesto para hacer el mal.» (Eclesiastés 8:11)

Dios mismo ha declarado que las malas acciones, sin los límites correspondientes, fortalecen la disposición a reincidir. Piense en un hijo al que los padres dejan sin disciplina. ¿Qué pasa con él? Se vuelve más rebelde. "Cría cuervos y te sacarán los ojos" dice el refrán. Un empleado al que el jefe le permite llegar tarde y no recibe consecuencias por sus infracciones. ¿Cómo termina? ¡Tomando mayores espacios! Al paso de los años, el jefe no sabrá qué hacer para quitárselo de encima. Lo mismo sucede con el marido al que la esposa no le marca límites claros. **Se vuelve cínico.**

Esto nos lleva a la tercera recomendación: **la esposa que se encuentra bajo estas circunstancias, no debe conceder espacios. Debe actuar con determinación estableciendo sin temor su postura.**

Si usted se encuentra atrapada en sus dudas y temores, debe remitirse a los hechos y con honestidad razonar:

"Mi esposo dice estar arrepentido. Al menos esas fueron sus palabras. Pero permanece en contacto con ella, no deja de hablar de ella y no veo su compromiso conmigo. ¿Qué me **gritan** sus acciones?"

Si las acciones del infiel son favorables, quiero decir, si su infiel mantiene una actitud de arrepentimiento acompañado de acciones que le den valor a sus palabras, usted bien puede considerar darle otra oportunidad. Porque trabajando **juntos**, la reconstrucción de un matrimonio es posible. Y por cierto, después de este período de prueba es más probable que las cosas marchen mejor. Si por el contrario, su marido persiste en encubrir y fomentar sus sentimientos hacia la otra mujer y sus acciones son incongruentes con sus palabras, **considere abrir la puerta de su casa para darle la libertad que él tanto pide.** Quizá esta determinación suya, al decidir dejarlo en libertad, le otorgue la última oportunidad a la relación cuando su marido corrija su conducta al verse confrontado con la realidad de perderla.

Sepa que si usted llegara a tomar este camino, no sólo su marido se verá confrontado, también usted se verá de frente a su realidad. Tarde o temprano, a la relación que atraviesa esta clase de atolladeros extremos no le quedan alternativas, excepto, los remedios extremos. Cuando la presión de las circunstancias, por más dolorosas que le parezcan, hacen que la relación de vueltas en círculos, regresando una y otra vez a su punto de inicio, el engaño, no deberá ignorar lo inevitable: **la separación**.

Bajo el ácido revelador

Durante la universidad, en la carrera de Comunicación estudié fotografía. Aprendimos todo el proceso que se lleva desde la captura de una imagen hasta su revelado e impresión. ¡Qué estimulante puede resultar para la creatividad del fotógrafo cada uno de estos pasos! No por nada, tantas personas alrededor del mundo han tomado la fotografía como el más atractivo de sus hobbies, que en aquellos años también era el más caro. Ahora con las *imágenes digitales* las cosas han cambiado notablemente. Personalmente, mi parte preferida de todo el antiguo proceso de revelado e impresión, era el momento de sumergir el papel fotográfico en el ácido revelador. Siempre resultaba sorprendente observar la acción del *ácido acético* sobre los *haluros de plata* contenidos en el papel durante el "baño de paro". Era toda una experiencia observar cómo poco a poco aparecía la imagen latente sobre el papel en blanco al ser sumergida en el *revelador*. Una vez revelada la imagen, sumergíamos el papel en el *fijador* que convierte los haluros de plata en complejos solubles que eran eliminados en esta segunda zambullida. Finalmente, poníamos a secar la fotografía en los *tendederos* que cruzaban el cuarto oscuro, iluminados apenas por aquella exigua luz roja.

Un dato interesante del proceso de revelado, es que mientras el papel no sea sumergido en el ácido revelador, **la imagen permanecerá velada**, oculta en el papel. Si ese papel no es expuesto a la luz o al ácido revelador, la imagen que se le imprimió a través de aquellos cinco a seis segundos bajo el *ampliador fotográfico,* permanecerá oculta sin poder ser observada. Mientras tanto, quedará latente. Escondida. Secreta y *paciente* en la espera de ser revelada.

El proceso de revelado nos sirve para ilustrar un elemento básico que surge cuando aparece la infidelidad en un matrimonio. La imagen **real** de ambos cónyuges contiene una serie de "elementos velados" en la espera de ser revelados y que saldrán a la luz desde el momento en que aparezca la *actitud cáustica* del cónyuge infiel. El infiel se transforma en algo así como aquel **ácido revelador** de las *deficiencias* y *carencias* ocultas del cónyuge fiel. Este criterio no es fácil de asimilar y menos cuando se atraviesa por un período tan doloroso como la infidelidad.

Concentrémonos por un momento en la parte fiel. He observado en distintos casos una serie de **características veladas** en el cónyuge fiel que salen a la luz cuando el marido infiel se comporta de forma *corrosiva*. Pensemos por ejemplo en la dependencia económica de la que muchas mujeres son objeto en una relación matrimonial. En nuestro país, México, resulta típico que el marido tome el control total de las finanzas de la familia, lo que termina por dejar a la mujer en una seria desventaja económica. Ella se dedica a cuidar de los hijos en casa, y sus capacidades productivas, pensando exclusivamente en dinero, se deterioran. He escuchado a muchas mujeres que viven bajo estas circunstancias relatar historias de terror ante el *simple* problema económico. Después de que el marido infiel ha hecho comentarios graves, por ejemplo: "No sé cómo le vas a hacer, porque el dinero que pienso darte es sólo para mis hijos. Porque tú y yo no tenemos ya nada qué ver."

Precisamente por lo anterior, antes de que la mujer desate una guerra en casa, le ayudo a reflexionar sobre este importante asunto. Usted que me sigue en la lectura, piense en lo siguiente: ¿Cuenta con alguna clase de ingresos?, ¿Tiene cuenta bancaria? Pregúntese… ¿Cómo pienso sobrevivir económicamente mientras la confrontación con mi marido infiel se determina hacia la reconciliación o el divorcio? Analice… ¿Qué piensa decir a sus hijos cuando ellos le pidan de comer y usted no tenga qué ofrecerles? Las respuestas que me dan en consulta algunas mujeres, ante preguntas como las anteriores, dan inicio al proceso de revelado de aquellas imágenes hasta entonces veladas. Por ejemplo, analice lo complejo que puede resultar el caso de esta mujer:

«He dedicado toda mi vida a mi marido y a mis hijos. Hoy tengo cuarenta y siete años de edad y la última vez que produje dinero, fue cuando era soltera. Tendría unos dieciocho años cuando trabajé algunos meses para una estética. Hoy me da miedo trabajar para alguien, aparte de que no sé hacer nada, excepto cuidar niños. No terminé mi preparatoria. No tengo dinero ahorrado. Nos casamos bajo el régimen de separación de bienes y todas nuestras cosas están a nombre de mi marido.»

Ahora comprenderá por qué esta mujer que se había enterado de la infidelidad de su marido hacía dos años, no había dicho nada. Era su temor el que le había mantenido en silencio. Bloqueada. Aceptando el trato infrahumano de su esposo. Pero luego, el marido, cansado de que su esposa no respondiera con un poco de sentido común, decidió dejarla. Pero además la deja en el más completo desamparo.

Seguramente muchas mujeres que me hacen el favor de leerme se verán descritas en semejante circunstancia. ¡No espere a que las cosas se pongan feas para hacer algo! **A propósito, un asunto importante respecto al caso anterior. De ninguna manera digo que la mujer tomó una decisión equivocada al dedicarse a cuidar de su familia.** De hecho, soy partidario de que esta es una decisión sabia que permite a muchas familias funcionar mejor, porque la ausencia materna en un hogar, es un vacío que no puede ser satisfecho con nada ni nadie ¡Ni siquiera por el mismo padre! La mujer que trabaja fuera del hogar, necesita implementar una agenda especial que le permita generar espacios de convivencia con los suyos para evitar traumas en sus hijos. Lo anterior, no porque haga falta quién los cuide, sino porque hace falta quién los **nutra emocionalmente.** La presencia materna en casa es insustituible.

El error está en aceptar una mala distribución de la riqueza y de las responsabilidades en el hogar. Está en admitir un trato inequitativo en casa. El error es consentir el abuso del marido que exige que la mujer se quede encerrada, cuando él no suple las necesidades de ella. El error es permanecer pasiva ante la falta de movilidad económica en sus finanzas. Movilidad que pudiera ofrecerle a usted cierta estabilidad que seguro le hará falta, si en su caso, llegara a presentarse la infidelidad. Con todo lo anterior solo deseo demostrar lo que el ácido revelador de las conductas infieles del esposo deja al descubierto en la mujer. Cabe añadir que muchas mujeres saben, o por lo menos intuyen, la existencia de aquellas imágenes veladas. Pero a pesar de ser tan obvias, no las quieren ver. A las mujeres que están en semejante estado les digo que tarde o temprano "serán sumergidas" en el ácido revelador que evidenciará lo que hasta ahora no han querido admitir y confrontar.

El asunto económico es solo una de tantas *cosas veladas* que saltarán a la vista, pero hay muchas otras *imágenes impresas* en la estructura interna de una mujer, por citar algunas: dependencia emocional en el hombre, inseguridad individual que se manifiesta en la falta de confianza en sí misma, la duda constante de saber si se actúa correctamente hasta no ser "aprobada" por alguien más, que para el caso, resulta ser la opinión del marido, la falta de desarrollo y crecimiento personal, etc.

Por otro lado, el ácido revelador de la conducta infiel también dejará en evidencia los **defectos de carácter** del cónyuge fiel. Porque cuando el abandono del marido ocurre, las continuas quejas del infiel retumban con fuerza en la mente de la mujer: pasividad sexual, reacciones impulsivas de enojo, agresiones verbales, faltas de respeto, falta de elogios y de reconocimiento al marido, falta de interés, etc. Dicho sea de paso, que estas cosas jamás fueron reconocidas por el cónyuge fiel sino hasta que se presentó el abandono del infiel. Tal cual sucede en un proceso de revelado, la esposa abandonada poco a poco *se va dando cuenta* de que, en efecto, las quejas de su esposo tenían sustento. ¿Qué debe hacer entonces el cónyuge fiel ante semejante revelación?

Cambiar

Cambiar por su propio bien. Cambiar para no repetir la misma historia. Si la relación se restituye, cambiar hará posible un buen reencuentro. Si la relación se rompe, definitivamente cambiar será conveniente para crecer como persona. Podrá observar que el cambio es tarea indispensable para cada individuo. En ningún caso debe buscar el cambio para agradar al infiel, porque no resultará. No sería un cambio genuino. Le animo a que cambie por usted misma. Ya es tiempo de responsabilizarse por la parte que le toca e iniciar un proceso de cambio. *Le aliento a crear el perfil del tipo de persona que usted quiere ser, y comience hoy el cambio.*

Si el ácido revelador le hace ver que la apatía sexual fue su contribución a la ruptura de la relación, sane su problema. La conducta sexual siempre arrastra raíces muy profundas. Consulte a un profesional para que pueda sanar su actividad sexual y logre vivir con plenitud la intimidad en la relación. Añado que si descubre fallas y defectos de carácter en usted, no quiere decir que fuera usted la culpable de la infidelidad de su esposo. No le compre la idea a su marido infiel de que usted es la responsable de que él la engañara. Ya lo dije antes, la responsabilidad del engaño siempre será del cónyuge infiel. Pero usted no desaproveche la circunstancia que el momento le presenta para mejorar, para corregir, para cambiar. Forme el nuevo personaje que usted quiere llegar a ser y manos a la obra.

Si usted reconoce que su contribución a la infidelidad tuvo que ver con la falta de respeto hacia su marido, trabaje esta área en su vida. Admita y otorgue el valor a las personas con las que tenga trato, principalmente hacia aquellas que más lo requieran. Si su marido no se sintió respetado por usted y si usted ahora admite que sus *"observaciones"* iban envueltas en críticas continuas hacia su persona, y reconoce además que sus comentarios *incisivos* le hicieron daño, corrija. Usted pudo haber *colmado la paciencia* de su marido, y esto -según él- le llevó a buscar la aprobación de otra mujer. Reitero una vez más, esto no le hace a usted responsable de la mala decisión de su marido, cada uno dará cuenta a Dios de sus actos. Pero usted identifique cuales fueron las acciones suyas que contribuyeron en algo a esta mala acción de su marido, y cambie. **Transforme la mala temporada por la que atraviesa en un pretexto para cambiar**. He observado que los mejores cambios se escriben en los peores momentos, así es que, este es su momento para:

Crecer

Las raíces más fuertes de codependencia siempre llevan al ser humano por los mismos caminos: *permanecer alerta a las acciones y decisiones del cónyuge y depender de su estado de ánimo para el propio bienestar*. Después, le atrapa la súplica destructiva que le llevará a **buscar agradar** por temor a la soledad. Finalmente admitirá toda clase de abuso con tal de no perder al ser amado. Ideas equivocadas que arrastran a la persona a perder la propia dignidad y la integridad individual, además de conducirle al estancamiento.

Bajo ninguna circunstancia deje de crecer. Cuando una persona deja de crecer, decrece. Empobrece. Se deteriora. Mengua. Cada vez se hunde más. Cada vez se ve más pequeña así misma y cada vez se sentirá menos capaz de enfrentar la vida por sus propios medios. Poco a poco confiará menos en su buen juicio y dudará más de sus decisiones. Si ya entregó a su infiel en las manos de Dios y las acciones de su infiel le movieron a tomar la determinación de separarse… ¡Es tiempo de crecer!

Hagamos un experimento. Si yo le pido que mire su mano izquierda y elija un dedo, ¿cuál elegiría? Pensemos que elige el índice. Bueno, pues ahora imagine que su mano tiene solo el dedo índice. En ese caso, ¿qué podría hacer con su mano?… ¿abotonar?… no. ¿Tomar un vaso?… con mucha dificultad.

¿Escribir? Definitivamente no. Si su mano solo tuviera un dedo quedaría sin poder realizar muchas de las funciones que ahora puede hacer. Conforme disminuyen los dedos disminuyen también las funciones de su mano.

Si por el contrario, yo le digo que elija un dedo y usted elige el índice y luego yo le pido que imagine que pierde ese dedo, ¿cuántas funciones podría realizar con los cuatro dedos de su mano…? ¿Puede abotonar? Seguramente, sí. ¿Puede tomar un vaso? Por supuesto que sí. ¿Podría escribir? Con cierta dificultad, pero también podría hacerlo. Notará que si eliminamos solo un dedo, las funciones de la mano quedan casi intactas.

Si regresamos al caso anterior, su mano con un solo dedo y le añadimos un dedo más notará que con dos dedos en su mano usted tiene una «pinza» con la que podría hacer muchas cosas. Si a la *pinza* que se forma con esos dos dedos le sumamos un tercer dedo, notará que hasta un acorde musical podría tocar. **Porque en la medida en la que añadimos dedos, añadimos funciones.** Cerremos la ilustración aplicando este criterio a su vida. Vea la siguiente gráfica. Piense que cada dedo representa un área de su existencia:

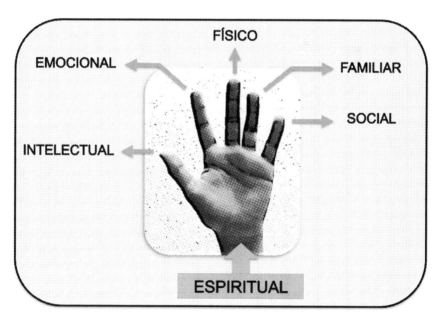

Permítase unos minutos para analizar, a consciencia, cada una de estas áreas en su vida. Si pudiéramos calificar cada una de ellas en un rango de uno a diez, donde uno exprese la calificación mínima y diez la calificación máxima, **¿cómo quedarían sus números?**

Bajo la misma panorámica, hay otro elemento importante: **¿Cuál es su área fuerte y cuál es la más débil?** En la respuesta a esta segunda pregunta, notará un evidente **desequilibrio**. Si su área física califica alto, *seguramente se debe a que usted dedica mucho tiempo a cuidar de su cuerpo y su salud*, pero en ese caso su área espiritual puede resultar débil, precisamente por carecer de tiempo para nutrirla.

O quizá su vida *intelectual* sea fuerte, porque es mucho su interés en leer y cultivar su mente, asistir a talleres o cursos de capacitación, lo que a su vez puede llevarle a ignorar su área emocional. Es típico que la *mujer racional* bloquea su expresión emocional, tanto como la *mujer emocional* ignora su capacidad racional. Lo mismo sucede con la familia y la sociedad. Una persona muy concentrada en su familia no tiene tiempo para su vida social, lo que le lleva a tener un mundo social muy reducido. Como también la persona con fuerte filiación social, descuidará a su familia. *Crecer, es hacer consciente este desequilibrio individual y buscar nivelar.*

La tercera pregunta importante respecto a este tema es: **¿qué tendría que hacer para mejorar la calificación en cada una de mis áreas?** Ahora, dependiendo del área en cuestión, se pueden buscar tareas prácticas como: asistir a un gimnasio, leer un libro, visitar más a mis amistades, dedicar tiempo a mi familia, darme la oportunidad de expresar mis emociones, asistir con más frecuencia a una iglesia, etc. La finalidad es poder ver áreas de la vida en constante mantenimiento y crecimiento, principalmente cuando en el hogar hay conflictos.

A propósito del tema que nos ocupa, cuando una mujer entra en una crisis posterior a un desengaño amoroso, el desequilibrio en estas áreas se hará más evidente. Lo que sucede, es que estas mujeres, por años, han puesto **al marido como el centro de su vida**, lo que también *les ha llevado a concentrar todos sus recursos en él, y a olvidar dedicar parte de su tiempo al desarrollo y crecimiento personal.* Por lo mismo, cuando llegan a recibir la noticia del engaño, no tienen de dónde sujetarse.

Por lo anterior, la cuarta recomendación es: **diseñe un programa de crecimiento personal**. Ponga metas muy específicas en cada una de estas áreas. Metas sujetas a tiempo y espacio. Quiero decir que si observa debilidad en su área física, quizá pueda proponerse hacer diariamente treinta minutos de ejercicio. Si considera que le hace falta fortalecer su área social, acepte ya la invitación de sus amigas a tomar un café. Si su vida intelectual ha quedado relegada, quizá sea el tiempo de estudiar aquel curso de inglés que tantas veces ha planeado, o de terminar la lectura del libro que sigue arrumbado y empolvado en su librero. Si observa que su papel de madre quedó en segundo plano este es el mejor momento de esmerarse en pulir su maternidad y sus demás funciones que cayeron en el olvido.

Una nota importante respecto al planteamiento de metas. De ninguna manera se le ocurra hacer nada de lo anterior para provocar celos a su marido o para conquistarlo. Ambas posturas engañosas no resultarán en beneficio para su relación. Toda meta propuesta es con el fin de recuperar **el propio ser**. No a su cónyuge. *He observado que la manera más efectiva de recuperar al cónyuge, es recuperándose a sí mismo.*

Regresando al esquema anterior, donde mostraba las áreas de su vida representadas por los dedos de su mano, observe el lugar que le asigné en el esquema a la vida espiritual. No es un dedo más de la mano sino la muñeca, porque la muñeca representa mejor el lugar que le corresponde al área espiritual en la vida de un individuo. Piense por un momento en el papel indispensable que desarrolla la muñeca en nuestras extremidades: mantiene la mano unida al cuerpo, la nutre de alimento, la sostiene mediante su estructura ósea, y muy importante, la conecta al cerebro por medio del sistema nervioso, lo que trasmite a la mano sentido, utilidad, significado, propósito, etc. Así es la vida espiritual en una persona. Le nutre, le sostiene, le da sentido y significado a su existencia. Por lo mismo, la vida espiritual debe permear cada área de nuestra vida.

¡Ponga especial atención a su vida espiritual! He observado que la fe, bajo la presión del engaño, **logra ofrecer nuevos horizontes a la persona que siente que lo ha perdido todo**. La mayor dificultad que usted podría enfrentar bajo dichas circunstancias, es la falta de motivación para buscar a Dios. La recomendación es: no se guíe por lo que siente, ¡haga lo que **debe** hacer, no lo que **desea** hacer! De igual manera notará que no tendrá suficiente motivación para comer, no obstante, **debe comer**, de lo contrario empeoraría las cosas. La vida espiritual es una de esas áreas que logran sostener al individuo en medio de la aflicción.

Diseñe un programa de crecimiento espiritual. Cuando hablo de la vida espiritual no me refiero a su vida religiosa. Su vida religiosa manifiesta su muy particular manera de entender y expresar sus creencias, lo que es muy respetable. **Con la vida espiritual me refiero a su conexión personal con el Creador.** Su comunicación con Dios. Su amistad con Dios.

Permítame sugerirle algunas maneras de cultivar la amistad con Dios. Lea de forma sistemática la Biblia, mantenga conversaciones profundas con Dios mediante la oración, asista regularmente y con la mente abierta a una iglesia donde le hablen de la Palabra de Dios, lea libros que logran contactarla con Dios como "Una vida con propósito" de Rick Warren o "Mi experiencia con Dios" de Henry T. Blackaby & Claude V. King, "La cabaña" de Paul Young, etc.

No pierda su fuerza de atracción

Todas las personas poseemos cierta *fuerza de atracción* unas hacia otras. Pero dicha atracción se vuelve mucho mayor cuando hablamos de una relación de pareja. En una relación de esta naturaleza, dicha atracción involucra tres cosas: elementos y reacciones *químico-biológicas*, *efectos sentimentales* e interpretaciones *racionales*. **Es precisamente la suma de estos tres factores lo que podemos definir como *fuerza de atracción*.** La secuencia en la que se envuelven estos tres elementos se produce de la siguiente manera: primero, surgen las reacciones *químico-bilógicas,* que son fundamentalmente involuntarias. Estas producen toda clase de *sentimientos* que a su vez abren la puerta al factor psicológico. El tercer elemento surge de la serie de *interpretaciones racionales* que el sujeto haga, tanto de las reacciones *químico-biológicas* como de los *sentimientos* que se han generado hasta entonces, añadiendo o disminuyendo *poder de atracción* de una persona sobre la otra.

Cuando dos personas se aman y se comprometen en un proyecto de vida, como es el matrimonio, jamás deben perder de vista que han entrado en un juego permanente de **amor** y **poder**. Esto es un fenómeno natural. De pronto, la balanza se inclina a favor de uno de los dos en la relación, pero después, sucede lo contrario. En el constante devenir de la relación la pareja se verá sumergida en ese dinamismo continuo en la búsqueda de equilibrio entre el amor y el poder. Permítame graficar lo que antes dije. Imagine que se encuentran usted y su esposo de frente a una enorme balanza, la cual nos describe de manera gráfica el equilibrio de la reciprocidad del amor y el poder en una pareja.

Cuando la relación comienza y el compromiso se concreta, notará que las cosas funcionan muy bien. Esto se debe a que ambos pusieron el mismo empeño y nivel de compromiso a la relación. *Como si hubieran colocado una pesa, igualmente pesada, de ambos lados de aquella enorme balanza.*

El siguiente paso será añadir pesas pequeñas a la relación. *Pesitas* que en la relación se pueden traducir como dedicar tiempo uno al otro, contacto físico, caricias, relaciones íntimas, llamadas, cuidados, atenciones, obsequios, etc. Colocar esas *"pesitas"* requiere de **reciprocidad y generosidad**, de lo contrario, el equilibrio se rompe y se pierde el poder. Este es precisamente el punto crítico en la relación porque siempre sucede que, por cualquier razón, uno de los consortes deja de poner en la balanza aquellas *pesitas* que darían equilibrio a la relación, produciendo inestabilidad y desequilibrio. La pregunta en este punto es ¿cómo ha de reaccionar el cónyuge que permanece **dispuesto a dar** ante la indiferencia o desinterés del primero?

El típico error ante este fenómeno, viene de la actitud del cónyuge que permanece dispuesto a colocar en aquella balanza **a pesar** de la actitud indiferente y egoísta de su compañero. Cabe añadir que frecuentemente el cónyuge dispuesto a invertir, *ante las acciones frías y poco interesadas del otro, entra en pánico y actúa con desesperación movido por el **temor a la pérdida**, pudiendo llegar al extremo de arrojar todos sus recursos a la balanza con el unico fin de atraer el interés del otro, logrando solo atraer la pérdida total de la relación.*

Después de esta serie de acciones equivocadas, la persona termina decepcionada, desgastada, vacía, desilusionada y muy agotada. En acusado contraste se verá su compañero, quien se sentirá en control, muy seguro de sí mismo, *sobrestimado*, tranquilo y principalmente «blindado» por el poder que el primero le ha otorgado. En este punto, el lector podrá constatar que la *sobreestima* del segundo es producto de las acciones desesperadas del primero.

*Esto es precisamente lo que termina por quitar **el poder de atracción** a una persona después de descubrir un engaño.* Porque naturalmente el pánico atrapa al cónyuge fiel haciéndole actuar sin pensar. Al ser guiado por sus reacciones emocionales es llevado a uno u otro de los dos extremos engañosos: **al enojo**

de exigir ser amado o al temor que conduce a perder su dignidad con la súplica. Con toda certeza afirmo, que cualquiera de estas dos opciones terminará en **camino cerrado.** *No existe un final feliz para quien toma estos papeles.* Por lo tanto, la quinta recomendación es: *no pierda su poder de atracción.* Por el contrario, busque la reciprocidad en la balanza del amor y el poder.

Atractiva o repulsiva

Todos hemos tenido la oportunidad de ver cómo funcionan los imanes. Sucede que si colocamos dos imanes uno frente al otro, en la *postura correcta*, ambos se atraen mutuamente. Por el contrario, si los colocamos en la *postura equivocada* habrá visto que se repelen uno al otro y es imposible que se unan. De la misma manera se comportan *las leyes de atracción en la relación de pareja.* Cuando los dos en la pareja mantienen la **postura correcta** se produce una fuerte atracción entre ambos, que les lleva a permanecer unidos. Lo contrario ocurre en aquellos *cambios de postura* que de inmediato producen la inevitable **repulsión** entre ambos, llevando a la pareja cada vez más hacia la dolorosa y temible separación.

Si unimos en este momento las dos ilustraciones anteriores, la balanza y los imanes, comprenderemos un elemento fundamental: **la relación de pareja es algo dinámico, que con el paso del tiempo, exige el cambio y los ajustes adecuados en su forma y manera de interactuar.** La clase de relación que se genera en la pareja depende de las «posturas» que cada uno toma en relación con su compañero, y en ese dinamismo cambiante, con cierta frecuencia, la pareja obedece a secuencias destructivas. Si en este punto unimos los axiomas que aportan los paradigmas de la *balanza* y los *imanes,* dentro de una secuencia destructiva en una relación de pareja, el resultado será muy revelador.

1. *Iniciamos con una balanza en equilibrio.* En la relación fluye el amor por la reciprocidad en el dar. En esta etapa, todo marcha sobre ruedas y el equilibrio ofrece a ambos certeza y mucha tranquilidad. Este equilibrio es semejante a los dos imanes que permanecen unidos por haber sido *colocados en la posición correcta.* Pero con el dinamismo de la vida, tarde o temprano, cambian las cosas…

2. *Uno de los dos de pronto se detiene, cambiando su postura ante su cónyuge, dando a su vez inicio al desequilibrio.* Las razones por las que

éste se detiene en la relación pueden ser variadas y muy cotidianas, por ejemplo, el descuido por múltiples ocupaciones, un cambio temporal de motivaciones, agotamiento, la llegada de los hijos, etc. También puede deberse a la existencia de un romance. Pero si nos concentramos en el cónyuge fiel, podemos observar que el desequilibrio comienza cuando sea cual fuera la razón por la que uno hizo distancia, el otro interpreta aquel alejamiento **como un acto de desamor**. Lo que genera el tercer escenario:

3. *El temor a la pérdida.* Ante el alejamiento del primero, el segundo entrará en un estado de "ceguera mental" y actuará guiado por sus entrañas. Movido por el pánico. Sin razonar. Intuye que no debería actuar así, pero su corazón le guía, no la razón. El temor a la pérdida produce que se entregue sin medida ni reservas. Vacía sus recursos. Pone toda "la carne al asador" y paso a paso se convierte cada vez más en un *ser indeseable* para el cónyuge distante. Aunque duela describirlo, cada vez se convierte más en **un ser repulsivo**.

4. *Suplicante o exigente.* Aquí entra la ley de los imanes. Ya que hubo un cambio significativo en la «postura» individual ante la actitud indiferente del cónyuge, quien toma la parte suplicante o exigente se volverá cada vez más repulsivo, jamás atractivo. En este punto, describo las tres posturas más equivocadas que he visto que son **motivadas por el temor a la pérdida**:

Postura exigente: Cuando se ha trasformado el temor en pánico, la persona *repulsiva* se vuelve primeramente exigente. Exigir ser amada no funciona simplemente porque el amor, en su misma esencia, debe ser una respuesta natural y espontánea. Por lo mismo, usted debe asimilar que si exige el amor, haga lo que haga su esposo, no logrará satisfacerle porque siempre sabrá que lo hace porque usted se lo exigió. Así es que la premisa número uno es: *el amor no se exige*.

Postura negociante: Esto ocurre con frecuencia en los varones. Cuando una mujer es infiel y el hombre entra en su *postura repulsiva*, negocia el amor. He escuchado a muchos hombres decirme, frente a la postura fría, hostil y despiadada de la esposa infiel: "Yo le tengo casa, coche, viajes, buena ropa… ¿Qué más quiere?". Todavía la esposa responde con desdén, "¡Pues llévate tus cosas!"

Imaginará que con esta clase de respuesta hace trizas lo que queda de la esperanza y el corazón del marido que busca recuperarla, recordándole toda la inversión que hasta el momento él ha realizado. De esto salta la premisa número dos: *el amor no se compra.*

Postura suplicante: La máxima representación de la *postura repulsiva* se la lleva la súplica. Quien toma esta postura deberá entender y admitir que *jamás logrará producir suficiente lástima en su cónyuge para que decida amarlo.* Por el contrario, la pérdida de la dignidad es la acción más patética del ser humano, que termina por convertir a la persona en un ser repulsivo que perderá, cada vez más, la posibilidad de recuperar al amor de su vida. Porque la premisa número tres dice: *el amor no se mendiga.*

5. *La conclusión final será una sobrevaloración del cónyuge que hace distancia, quién a su vez subirá en automático su autoestima.* Esto genera una cada vez mayor repulsión e incompatibilidad entre ambos *porque el amor no se exige, no se compra y no se mendiga.*

No perder la fuerza de atracción nos exige la sexta recomendación: **Ante la actitud fría y distante de su esposo remítase a tomar de manera oportuna decisiones inteligentes, no emocionales.** Si usted ha tomado la postura de exigir su derecho a ser amada **¡contrólese!** Considere que no existe respuesta satisfactoria ante la exigencia del amor. Y, si por la situación que usted atraviesa, ha caído en la seducción de la negociación del amor **¡retroceda!** No le va a resultar. Y principalmente, si por el temor a perderlo ha suplicado **¡deténgase!** Está usted a punto de perder la última oportunidad de recuperar su relación. Jamás olvide: *la única manera de recuperar al otro, es recuperándose a sí mismo.*

No se retire de la jugada antes de tiempo

Existe una enorme similitud entre un juego de cartas y el *juego del equilibrio del amor* en la relación de pareja. En ambos casos se trata de juegos psicológicos. Todos hemos podido ver en acción ya sea en vivo o en alguna película del viejo oeste, a los grandes jugadores de cartas. La escena siempre es la misma: todos en torno a una mesa mirándose a los ojos. Calculando. Presionando. Simulando. Apostando. Lo interesante es que a pesar de que alguno tuviera malas cartas, siempre puede hacer *buenas jugadas.* Aunque la lógica diga que debe ganar el que tenga las mejores cartas, en el juego, no siempre sucede así. Gana **quien sabe jugar sus cartas**.

La escena en su matrimonio es la misma. Usted, frente a su marido. Claro que en su caso las apuestas son muy altas. Sobre la mesa del juego del amor se apuesta el futuro, los afectos, el cuerpo, los hijos, el patrimonio, los valores, su vida. No se puede perder, ¡no se debe perder! *Lo mejor de usted está sobre la mesa.* Y usted, mira de frente a su esposo. En ese momento no puede evitar recordar todas aquellas promesas que su marido le decía. Cuántas palabras… Que un día selló el compromiso con aquella promesa que él dijo ante un altar, cuando juró delante del mismo Dios amarle hasta que la muerte los separe. Y ahora… ¡no se trata de la muerte! Aunque usted así lo experimente, *simplemente* se trata de otra mujer. ¿Cuál debería ser su siguiente paso? Seguramente ha calculado la posibilidad de abandonar la mesa de juego. Rendirse ante los últimos *movimientos* que su esposo ha hecho. Sé que el temor le hace perder la esperanza pero… **¡Resista la presión!** El juego no ha terminado.

Como terapeuta, puedo suponer que usted es mujer de un solo hombre, que sabe perdonar y está dispuesta a hacerlo. Que además, se casó para toda la vida. ¿Por qué lo sé? Porque si usted fuera de otro modo, no estaría leyendo este libro, sino que estaría leyendo algún otro que llevara el título: *"27 Formas de vengarse de un marido infiel"*. En cambio, busca la reconciliación. Seguro piensa en el futuro y le asusta pensar que sus hijos crezcan sin padre. Pero las apuestas en la mesa del juego del amor están tan elevadas que de pronto entra en pánico. Sin embargo, de la metáfora del juego de cartas podemos extraer tres lecciones simples:

Primera: *Oculte sus cartas.* Así como en un juego de naipes no se debe jugar mostrando sus cartas, en el juego del amor ocurre igual. En la pareja, mostrar sus cartas significa *evidenciar cualquier estado emocional al dejarse controlar por sentimientos e impulsos.* Es decir, cuando usted está **celosa** exhibe su juego, porque queda en evidencia su temor a perderlo. Si usted está **enojada** perderá el control de sí misma y de fondo mostrará que le *duele* más a usted que a él lo que les acontece. Si está **triste** por la falta de correspondencia en las muestras de cariño, no podrá evitar evidenciar la desventaja de su jugada, debilitando su posición. Ocultar las cartas significa **no dejarse dominar por ningún estado emocional al grado de ceder el control de sus decisiones al corazón.**

Segunda: *Apueste a sus cartas*. Notará que en la mesa de juego no pueden faltar los dos típicos protagonistas: el que normalmente está blofeando, haciendo alarde de sus cartas, y el que no habla, sólo actúa. El segundo caso, son personas que observan, calculan, meditan. Y de pronto, sin decir más, lanzan su apuesta sobre la mesa. El golpe de seguridad al *tirar* los billetes sobre la mesa, normalmente deja a los demás sin aliento, incluyendo al *hablador*, quien por cierto, típicamente termina abandonando la partida después que el segundo ha lanzado su apuesta. Apostarle a sus cartas significa apostarle a todo lo que usted representa en la relación. Se trata de creer en *sí misma*.

En el juego de cartas, el jugador que apuesta, sabe que no tiene las mejores cartas, no obstante, cree en ellas y les apuesta. Cree que lo que posee es suficiente para mantenerlo en la jugada y con seguridad ¡lanza su apuesta! Una mujer que cree en sus cartas, cree en lo que ella misma es como persona y en todo lo que aporta a la relación. Se mantiene ocupada en su crecimiento y se fortalece en medio de la adversidad. Una persona que cree en sí misma no depende de la otra para su proceso personal de toma de decisiones. Una persona que cree en sí misma, se ocupa de sí misma. Una persona que cree en sí misma, en pocas palabras, *le apuesta a sus cartas*.

Tercera: *Resista la presión*. Nada se termina sino hasta que se acaba. Con este pleonasmo pretendo enfatizar que no debe retirarse de la jugada antes de tiempo, sino hasta que todo se resuelva. Entonces, quizá tendrá que darse a la retirada. Volviendo al juego de cartas, siempre se da la interacción entre el jugador que blofea y el jugador silencioso que no habla pero actúa. Típicamente cuando el segundo se decide a actuar y lanza su apuesta, el primero se retira. Algo muy revelador en esta escena, es que si al momento en que el segundo lanza su apuesta haciendo que el primero se retire, y viéramos las cartas del que se retiró, con sorpresa notaríamos que posiblemente tenga mejores cartas que el que lanzó la apuesta. Pero en semejante cirunstancia, quien no cree en sus cartas y no soporta la presión, pierde el juego al retirarse.

Resistir la presión en el juego del amor podría significar *permitir que las cosas tomen poco a poco su cauce. Trabajar en sí misma y esperar con paciencia a que los tiempos se cumplan en el proceso. No adelantarse a tomar medidas a las que no se está preparada para enfrentar, ni acciones que no obedezcan a un propósito claro.* Resistir la presión significa no abortar la jugada, a pesar de que las cosas no se vean tan favorables.

En resumen, la séptima sugerencia es **sintonice sus actitudes con sus decisiones**. Lo ideal es que si una pareja se encuentra en una posición en la que ambos se han vuelto **mutuamente repulsivos**, ambos cambien su «postura.» *Pero si no ocurre así, bastará que uno solo busque modificar su posición sintonizando sus actitudes con sus decisiones.* Seguro es que al cabo de algunos cuantos intentos de cambiar sus actitudes, encontrará la "postura" correcta que produzca el efecto contrario, que es el efecto deseado, **el efecto de atracción**. Como dos imanes que en una postura se repelen y en otra se atraen. ¡Inténtelo! Después de todo, no tiene nada que perder, que no estuviera perdido ya.

Identifique y acepte su realidad

Finalmente, para poder superar la crisis emocional que se experimenta al navegar del *temor al pánico* la persona requerirá identificar y aceptar plenamente la situación real en la que se encuentra su relación. En este punto expongo brevemente los cinco momentos en los que se puede encontrar su relación. Identifique y acepte la realidad en la que se encuentra su matrimonio para que pueda saber cómo actuar de manera oportuna, y principalmente, para que logre transitar de la *pasión a la razón.* Un acto de infidelidad debe ser entendido bajo la circunstancia específica en la que se encuentra. Por esto diseñé esta **escalera en descenso de la infidelidad** con el fin de que usted logre identificar con una sola palabra su estatus presente y pueda actuar en consecuencia.

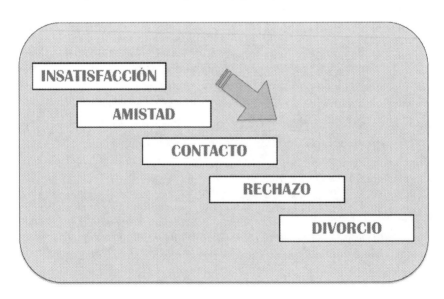

Identificar y admitir el escalón en el que se encuentra su matrimonio será muy necesario para saber lo que debe hacer. *Como primera indicación le pido que sea realista y no se adelante a ningún escalón, pero tampoco trate de engañarse con la esperanza de estar en escalones anteriores.*

INSATISFACCIÓN

Cuando la pareja se encuentra en este primer escalón rumbo a la infidelidad, y a pesar de que el riesgo de que el engaño toque a su puerta se ve todavía lejano, deberá admitir que la posibilidad va en aumento. *En este punto, la persona debe entender y aceptar que la posibilidad de una infidelidad es un riesgo latente. No obstante, también se debe asimilar que aún no ha ocurrido.* Este es uno de los estadios de la relación de pareja en los que es más favorable encontrarse. Porque al no existir aún un evento de infidelidad, ni otra persona hacia la cual se están dirigiendo los reflectores de alguno de los dos en la relación, es mucho más fácil que la pareja se recupere y supere los efectos devastadores de la rutina.

En pocas palabras, la pareja se encuentra sumergida en la rutina y la amistad entre ambos se está deteriorando notablemente. El sujeto que se perfila como infiel, durante este escalón, estará comenzando a buscar fuera de su hogar los satisfactores de los que siente que carece en su matrimonio. Podemos identificar que apenas la pareja, en este episodio de su vida, comenzará a experimentar la posibilidad de surcar los mares que conducen de la ilusión al desencanto.

AMISTAD

Este segundo escalón en descenso rumbo a la infidelidad, se presentará cuando uno de los cónyuges hubiera encontrado a otra persona fuera de la relación conyugal que logra satisfacer la necesidad humana de intimidad. *En este escalón se debe entender y aceptar que la relación en pareja no cubre las necesidades internas de amistad.* Por supuesto que lo deseable es que dicha necesidad quede cubierta por medio de un nivel profundo de comunicación dentro de la pareja. De no ocurrir así, esto deteriorará mucho más la relación y no permitirá el adecuado encuentro. Poco a poco el sujeto que ha descubierto su nueva fuente de satisfacción argumentará que con dicha persona sí puede platicar y que con ella cada vez logra momentos más agradables. Normalmente el tiempo en pareja, que antes pasaba en casa, ahora escasea. El futuro infiel estará invirtiendo todos sus ratos libres para alimentar la nueva relación porque ésta le ofrece cada vez más y mayores satisfacciones.

A estas alturas sucede que el escenario se está preparando para la llegada del siguiente escalón: **el primer contacto sexual**. La pareja ya está muy desconectada. No pasan tiempo juntos y cuando están solos no saben de qué hablar ni cómo actuar. Los temas profundos de conversación son tratados con su nueva amistad. Cuando las pláticas de marido y mujer se reducen a solucionar asuntos de los hijos o a las cuestiones económicas, *la crónica de una muerte anunciada* llega a sus últimos capítulos. A estas alturas, *la desilusión y el desencanto* despiertan a la pareja a la dolorosa realidad de la infidelidad.

CONTACTO

Cuando ya se dio el primer contacto sexual con el tercero en discordia, las cosas toman un giro inesperado. El impacto llega ante los cambios de actitud del infiel hacia la parte fiel de la pareja. Los continuos actos de indiferencia golpearán con toda su furia y el distanciamiento natural producirá toda clase de emociones en el cónyuge fiel. Este es el punto más crítico. La parte fiel se encontrará navegando las «aguas turbulentas» que le obligan a cruzar *del temor al pánico.*

El proceso deberá tomar su cauce, dependiendo ya de la actitud del infiel de estar dispuesto a luchar o no por el matrimonio. *Lo más relevante de entender y aceptar en dicho escalón es que el acto se ha consumado y ya es usted esposa de un marido infiel.* La observación detenida y concienzuda del infiel y sus acciones, será la tarea obligada para el cónyuge herido.

RECHAZO

Esta es una de las peores experiencias que una persona pueda llegar a tener en su relación de pareja, mucho más, cuando se está dispuesto a perdonar y continuar a pesar de haber pasado el escalón anterior. El problema por resolver en este estadío no es si el cónyuge fue infiel o no, sino que uno de ambos en la relación ya no quiere nada con el otro. Uno de los dos desea preservar el compromiso y el otro no.

Especialmente en este estadío es muy importante identificar y aceptar la dolorosa realidad del rechazo. Sin ninguna duda, este será uno de los momentos que exigirá los mayores cambios y acciones oportunas por parte del cónyuge fiel.

COMPROMISO

Muy a pesar de que en el escalón anterior se pueda pensar que no puede suceder algo peor, todavía hay un par de niveles más abajo en este penoso proceso. Este episodio hará su aparición cuando las circunstancias llevan al infiel a adquirir un compromiso con la persona con la que sostiene un romance. Puede tratarse de un embarazo o un fuerte deseo de formalizar la relación extramarital.

*Lo que la parte fiel deberá entender y aceptar es que su pareja ha adquirido un compromiso que pone a su matrimonio en otro nivel de negociaciones. A pesar de que no lo quiera, tendrá que tomar otras medidas para proteger su **matrimonio** y su **patrimonio**. Las* medidas que tendrá que tomar en este escalón serán tratadas con mayor detalle más adelante.

DIVORCIO

Este será definitivamente el peor escenario que podría presentarse en una pareja. *En este último escalón, no existe nada más por hacer para rescatar la relación. Solo queda aceptar y enfrentar el largo y tortuoso proceso de reconstrucción de la familia.* Este es el nivel relacional en descenso que deseamos evitar con toda esta serie de estrategias y tácticas sugeridas en la presente obra.

Por ahora, mantenga en todo momento muy en claro el escalón en el que se encuentre su relación matrimonial. Esto le ayudará notablemente a dimensionar su dolor y le permitirá enfocarse hacia el punto de trabajo en el que deberá concentrarse. Además le indicará cuál será la mejor manera de navegar dentro de la tormenta que atraviesa, o que está por atravesar.

De la pasión a la razón
Cuando se desea dar otra oportunidad

Si después de experimentar un doloroso evento de infidelidad, logran llegar hasta esta parte en el camino de la recuperación, creo que ambos merecen una enorme felicitación. Llegar a este punto no es fácil. Ambos tuvieron que hacer un gran esfuerzo para darle otra oportunidad a su matrimonio, y cada uno, desde su trinchera, ha tomado la decisión de otorgar un nuevo horizonte a la relación. Han decidido dejar las hostilidades y hoy están sentados en la mesa de negociaciones. ¡Nada más reconfortante para su proceso de liberación familiar! No obstante, ambos deben considerar algunas recomendaciones más, porque deben saber que esta parte del camino requerirá del cumplimiento de ciertas exigencias en cada uno. En esta sección encontrarán cuáles son los procesos a los que deberán someterse cada uno, de manera individual, si desean superar por completo aquel doloroso episodio en sus vidas. Para facilitar el proceso, en cada ítem que expongo estaré refiriéndome al camino que cada cual deberá transitar.

La infidelidad no tiene que ser el final de un matrimonio. Pero si se desea dar otra oportunidad a la relación, la infidelidad deberá marcar un nuevo comienzo. Después de un evento tan intenso, la vida matrimonial no puede ser igual, no debe ser igual. Deberán considerar que con el paso del tiempo, también se diluye el dolor del evento y decae la motivación al cambio. La cuenta regresiva ha comenzado. Así es que… ¡comencemos!

Un elemento fundamental para este período es que ninguno de los dos permanezca en la búsqueda del estado anterior en el que se encontraban antes del acto de infidelidad. Es cierto que después de la sacudida a la que se vio sometida, en el presente la parte fiel anhela aquellos tiempos en los que todo era paz y armonía. En efecto, aquel tiempo fue mejor de lo que ha resultado su presente. *Pero desde el momento en el que una persona decide dar otra oportunidad a su matrimonio, ambos deberán perseguir mucho mejores tiempos de los que hasta el momento han vivido en su relación.* Procure un matrimonio renovado con un nivel de maduración mucho mejor. ¡Busque el crecimiento como pareja! Este es su momento. **Tiene en sus manos la posibilidad de crecer, no lo desperdicie con reclamos y enojos, rencores y venganzas**. Ponga su mirada al frente, a lo que le presenta la vida. ¡No viva en el pasado! Decida renovarse y comenzar otra vez. El ambiente está dado. La mesa está puesta. No se cierre al cambio. Sin temor… avance de *la pasión a la razón*.

El proceso del perdón

Existe una muy mala definición en la mente de las personas acerca del perdón. Entre otros errores, la gran mayoría de la gente cree que perdonar es *sinónimo de olvidar*, cuando esto no es así. ¡Y menos cuando se trata de un evento tan doloroso y significativo que será imposible de olvidar! Esto tampoco significa que no se logra superar.

Perdonar tampoco es *hacer como que nada pasó*, porque ignorar que la persona ha sido herida en lo más íntimo de su ser, siempre resulta contraproducente. Darle la vuelta a la página del libro de nuestra vida sin leer hasta los últimos detalles, solo le llevará a repetir el evento de nueva cuenta, cosa que obviamente, quien lo ha vivido, no querrá volver a sufrir.

Tampoco el perdón es *un acto de inmolación de "la víctima"*, es decir, de quien perdona. Cuando se perdona, en automático la *víctima* asume una postura de **juez inerrante**, que le convierte en el portador de la «verdad absoluta.» En este *juego*, el victimario jamás termina de redimir sus culpas, lo que acaba por agotarlo. Bajo esta dinámica, sutilmente la pareja entra en un *eterno estado de venganza*. Cuando *la víctima* concibe así el perdón se apodera del control en la relación. Desde este ángulo, el perdón llevará a la pareja a un desequilibrio en el poder, donde el agresor quedará a merced de *la víctima,* quien lo tomará como su rehén de por vida. El absurdo es que el poder y el control, al ser tomados por *la víctima* finalmente terminarán por convertirle en el victimario.

Si perdonar no es olvidar, ni ignorar lo sucedido, ni tampoco un acto de inmolación de *la víctima*, entonces ¿qué es el perdón en la pareja? «**Perdonar es un proceso en el que ambos, agredido y agresor aceptan cada uno la propia responsabilidad ante un mismo evento. Por su parte el agresor se confronta en sus malas acciones y la parte agraviada acepta la pérdida** ante dicho acto. Finalmente, la parte agraviada paga un precio al liberar al agresor de su responsabilidad por tal acción, y el agresor asume su responsabilidad de restituir el daño.»

Haber logrado comprender la **corresponsabilidad** en dicho acto, nos marcará la pauta para saber que finalmente se ha superado el evento. Porque los asuntos en pareja, siempre serán de dos. Analicemos la definición por sus tres partes que le componen:

Primero: Perdonar es un proceso en el que ambos, agredido y agresor aceptan cada uno la propia responsabilidad ante un mismo evento.

Concentrémonos en el perdón. La primera idea que se desprende de la definición que le acabo de ofrecer es que el perdón es un «proceso.» *Por lo tanto, no se debe percibir como un estado.* El perdón no es un acto milagroso que sucede en un instante. Es un proceso claramente definido en cada uno de sus momentos. Aceptar el perdón como un proceso permitirá a la pareja comprender que existirán pasos muy específicos que ambos, en la relación, deberán superar.

Comprendamos: La infidelidad es cosa de tres

Siempre la infidelidad será una decisión equivocada de uno de los dos en la relación. No existe justificación alguna para el acto de infidelidad. Ni siquiera la misma infidelidad justifica la infidelidad. Quiero decir que si su pareja le fue infiel, eso no le otorga a usted el "permiso" de serlo. La infidelidad es una traición y ruptura de la propia promesa de fidelidad y eso no cambia. El único responsable de la acción del engaño es quien lo comete. Pero también debemos considerar que cuando se trata de reconstruir una relación, siempre resultará indispensable el autoexamen a conciencia y la completa comprensión del papel que hasta ese momento han jugado los dos en la relación.

Comprender la corresponsabilidad es haber logrado aplicar uno de los principios más necesarios para efectuar el perdón en las relaciones humanas: **el principio de responsabilidad**. Este principio exige que las personas logren superar dos pasos básicos: la *identificación plena* de la propia responsabilidad, para posteriormente, *asumir con valor* la propia responsabilidad.

Siempre sucede que «algo» venía pasando en la pareja, de tal suerte que la infidelidad encontró un espacio entre los dos. Sólo hasta que aprendamos a ver la infidelidad desde este ángulo, se hará posible observar aquellos "pequeños" tropiezos que venían minando la fuerza a la unidad de la relación, haciéndola cada vez más vulnerable.

Debemos comprender también, que la superación de un evento de esta naturaleza posee **un potencial tanto destructivo como constructivo**. Definitivamente la disposición a superar la prueba, puede llevar a la relación a un mejor nivel del que se encontraba antes de que ocurriera el infortunio.

Dirigiéndome a la parte agraviada, permítame animarle a realizar este examen de autoconsciencia. Sé que no será fácil. Sé que sentirá que se le pide hacer un doble esfuerzo ante los acontecimientos que usted atraviesa. Pero créame, no existe otro camino posible para lograr el verdadero perdón y un cambio genuino en su matrimonio. Así es que, manos a la obra.

La pregunta necesaria para usted, la parte agraviada es ¿en qué consiste mi corresponsabilidad ante la infidelidad de mi cónyuge? Quizá esta pequeña serie de preguntas logren refrescar su memoria sobre su rol. ¿Cuáles eran las quejas de mi pareja sobre mi desempeño en nuestro matrimonio? Con mucha honestidad, ¿cumplía con mis deberes sexuales? O… ¿pude hacer algo para mejorar nuestra vida sexual y deliberadamente no lo hice? ¿Lograba satisfacer sus requerimientos afectivos? ¿Dediqué tiempo significativo para cultivar nuestra relación?

En cada una de sus respuestas a las preguntas anteriores… ¿podría mirar de frente a Dios y directo a los ojos decirle: "No he justificado mis errores, ocultándome tras el error de mi cónyuge"?

Segundo: Por su parte el agresor se confronta en sus malas acciones y la parte agraviada acepta la pérdida ante dicho acto.

Escuchar sin emitir un juicio es un arte. Una habilidad no fácil de aplicar principalmente cuando los comentarios no favorecen a nuestra causa. Pido de su parte mucha apertura porque en este apartado pretendo que juntos, usted como la parte agraviada y yo, hagamos un viaje hacia las profundidades del corazón de su infiel en busca de elementos que nos permitan comprender mejor su conducta **¡jamás justificarla!** Esta acción es indispensable si se desea lograr perdonar de corazón a alguien y además, facilita el camino para que usted pueda liberar a su agresor. Por otro lado, el siguiente análisis también ayudará al agresor al comprender que hubo un momento en el que «fuerzas internas», muchas veces inconscientes para usted mismo, le impulsaron a tomar decisiones equivocadas. Este es su turno. Atrévase a indagar con mucha honestidad dentro de sí mismo. Cada uno en su lugar y... ¡manos a la obra!

Comprendamos: las razones del infiel

La infidelidad es algo mucho más complejo que el mero acto sexual que se realiza fuera del matrimonio. No limite su visión de la infidelidad a la *simple* atracción entre un hombre y una mujer que a pesar de que están comprometidos con sus respectivos cónyuges sienten un impulso químico irresistible uno hacia el otro. Ciertamente la atracción física es un elemento muy importante que puede llevar a las personas a involucrarse en una relación sexual, pero no siempre este elemento resulta determinante. De fondo, existen otras «fuerzas ocultas de atracción» que pueden ser mucho más poderosas que la misma química del cuerpo para llevar a la persona a tomar la decisión de cometer un acto de adulterio.

Las razones del infiel no justifican su acto de infidelidad, pero nos explican su conducta. Esto es lo que persigo en esta sección. El corazón del ser humano siempre resulta un misterio en sus motivaciones más internas, lo que significa que no debemos pretender poseer la verdad final de las conductas humanas. Sin embargo, comprender las razones del infiel ofrecerá al matrimonio atormentado por la infidelidad, líneas específicas de trabajo que les ayuden a evitar, en la medida de lo posible, tomar de manera personal la conducta del infiel por un lado, y la dolorosa reincidencia por el otro. Pensemos en voz alta:

• **Un patrón familiar**

A pesar de que no sea una regla que se aplique a todos los casos, en muchos de ellos resulta típico encontrar que el infiel es hijo de un infiel. Ya sea el padre o la madre. Esto nos remite a investigar en la familia de origen del infiel y a descubrir que en efecto, existen antecedentes en la historia familiar que llevan a la persona, de manera consciente e inconsciente, hacia la repetición de dichos patrones. Por cierto, se trata de eventos que marcaron de manera dramática a quien los sufrió. Heridas en su historia que se convirtieron en un *parte aguas* para el resto de su vida. Remitiéndonos una vez más a lo revelado en la Biblia, encontramos que Dios advirtió en la ley al pueblo de Israel sobre la **contaminación intergeneracional**. Muy al principio, cuando entrega la ley a su pueblo Israel, sugiere que el pecado puede «trasmitirse» por generaciones y que aquellas "cuentas pendientes" no quedarían impunes. Que ciertos pecados, tarde o temprano, saldrán a la luz porque son acciones que *contaminan* a todos los miembros de un sistema familiar. Así lo dice:

> «…porque yo soy Jehová tu Dios que visito *la maldad de los padres sobre los hijos, hasta la tercera y cuarta generación…*» (Éxodo 20:5 *fragmento. Cursivas mías.*)

Este *fenómeno* nos expone ante la dolorosa realidad de la existencia de las "maldiciones generacionales". Dios enfatiza en sus leyes *que los pecados no confesados y que permanecen ocultos pueden alcanzar a las generaciones futuras.* Ya sea en su repetición, como puede ser el caso del adulterio, o en sus consecuencias, como se ha registrado en aquellas historias en que los *medios hermanos* terminan enredados en amoríos. Todo porque los padres infieles pensaron que podían burlar las leyes divinas y creyeron que *las maldiciones generacionales* no les afectarían.

Trate usted de imaginar lo que puede significar para un niño de seis años descubrir a su padre en la cama con otra mujer. Cargar a un niño con un secreto de esa magnitud lo pondrá entre la espada y la pared. Lo hará sentir *responsable* de que el asunto no sea revelado, y *culpable* de las consecuencias de revelar dicho secreto, en caso de que decidiera hacerlo. El "contrato" se firma justo en el momento en el que el hijo descubre al padre, quién lo obliga a corromper su mente al convertirlo en su cómplice. No se trata necesariamente de una petición directa, sino de un contrato tácito. De esos que se leen entre líneas.

La dinámica **padre-hijo** cambia cuando la complicidad se ha consumado. El contrato se ha firmado con el silencio del hijo. Pero la voz de la conciencia es imposible de callar y el sentimiento de culpa en el hijo crecerá en la medida en que el padre, para silenciar su propia culpa, llene de toda clase de regalos a su hijo. Regalos que seguramente el niño recibirá y disfrutará. Regalos que se pueden convertir en una muy poderosa razón para mantener guardado *el secreto*. Pero estos secretos son una bomba de tiempo programada para estallar en su momento. Y ante la implacable culpa, la cuenta regresiva será activada y llegará a su fin cuando el muchacho comprenda que son, precisamente los regalos, la razón principal de por qué ya no puede ver directo a los ojos de su madre. *Desde ese momento el hijo no podrá evitar sentirse tan infiel, como su mismo padre.*

Pero lo más confuso de aquel "intercambio" consiste en que *la mala conducta* proviene precisamente de su padre. Lo que hace que el niño no logre dimensionar la magnitud del daño. Además, desde la perspectiva inocente del infante, le parece que en efecto hace un bien al ocultar dicha información. O por lo menos, eso era lo que le habían hecho entender. Es así como el niño aprende a vivir y convivir con el adulterio, no sintiendo el acto como algo *"tan malo"*. Incluso, en la locura de algunos padres, algunos niños han llegado a convivir con la misma amante y a verlo como algo natural y aceptable.

A la mujer agraviada le diría que trate de imaginar que el niño del relato anterior... es su esposo. ¿La historia hace inocente al marido adúltero? De ninguna manera. Pero esta reflexión le ayudará a la esposa a comprender que su marido estaba repitiendo un patrón preestablecido en su mente, y que en efecto, él tomó su propia decisión y que finalmente se equivocó igual que su padre. Lo más seguro es que su marido, al presente, odia haberse convertido en el autor material de lo que a él, un día, le lastimó profundamente.

Al infiel que encaja en la descripción le diré que su responsabilidad es identificar y reconocer si en efecto existe cualquier cadena generacional de adulterio. Si es así requiere de la urgente decisión de romper con aquella *maldición generacional*. Como se trata de una raíz espiritual muy profunda, usted necesitará del poder de lo Alto para lograr una auténtica liberación. Para tal efecto, permítame citar nuevamente la Escritura:

> «Dijo entonces Jesús a los judíos que habían creído en Él: Si vosotros permaneciereis en mi Palabra, seréis verdaderamente mis discípulos; y conoceréis la verdad, y la verdad os hará libres.» (Juan 8:31-32)

En esta referencia puedo identificar tres elementos básicos para su camino hacia la recuperación: *una fe genuina, conocimiento pleno de la verdad y permitir que la verdad le libere*. Analicemos:

Una fe genuina. El comentario del Señor se dirige a los judíos que habían creído en Él. Si desea una liberación real necesita primero otorgar toda su fe a la persona que usted considere que podrá liberarle. Dios el Señor es confiable, el problema es que nosotros no tenemos una fe genuina. Es muy claro que si la persona no cree de manera genuina, Dios no obrará ningún cambio en su vida. El autor del libro de Los Hebreos, afirma:

> «Pero sin fe es imposible agradar a Dios; porque es necesario que el que se acerca a Dios crea que le hay, y que es galardonador de los que le buscan» (Hebreos 11:6).

El poder liberador de Dios en la vida de un individuo jamás entrará en acción hasta que éste le permita a Dios actuar en su favor. Esto se debe según lo revelado en su Palabra, al libre albedrío que Dios otorgó al hombre cuando lo creó. Así es que si usted no le permite intervenir en sus asuntos y conflictos, Dios respetará su decisión y permanecerá a un lado, en silencio.

Por otro lado es fundamental que si usted se acerca a Dios pidiendo que Él actúe en su vida y en su familia, haga todo lo que Él le indique. De hecho, el pasaje antes citado (Hebreos 11), expone una lista de personas que a lo largo de la historia creyeron en Dios y actuaron en consecuencia. Asimile que nos regimos por un sistema de creencias. Contrario a lo que algunos piensan, es imposible actuar en contra de lo que «realmente» creemos. Si cree a Dios, su fe le llevará a confiar en sus indicaciones y seguir sus mandatos, lo que terminará por liberarle de aquellas cadenas de maldiciones generacionales.

El segundo elemento indispensable para experimentar una auténtica liberación, es el **conocimiento pleno de la Verdad**. Esta cita puede comprenderse en dos sentidos: *la verdad como una persona y la verdad como la palabra revelada*.

La verdad como una persona definitivamente se refiere al mismo Señor Jesucristo, lo que se puede entender al comparar dos frases del mismo relato. Jesús hablando con los judíos que habían creído en Él les dijo: "y conoceréis la verdad, y la verdad os hará libres" (Juan 8:32). La segunda frase expuesta por el Señor Jesús fue: "así que, si el hijo os libertare, seréis verdaderamente libres" (Juan 8:36). La asociación y entendimiento de la verdad *como una persona* es definitiva. Jesucristo, El Hijo, se identifica como la misma Verdad que libera. Esta idea es un concepto que encuentra plena armonía con el resto del texto revelado.

El mismo Maestro, hablando con sus apóstoles añadió otros elementos a esta misma revelación. Al hablar de sí mismo les dijo: "Yo soy el camino, **la verdad** y la vida. Nadie viene al Padre sino es por mí" (Juan 14:6). Además de expresar la plena identificación de Cristo como La Verdad, en la singularidad de sus palabras reclama la exclusividad del Cristo como el único Camino, Verdad y Vida. Él es el **único** camino que debemos transitar si deseamos un contacto real con el Padre, la **única** verdad que debemos creer y en la cual debemos confiar si buscamos descanso para el alma atribulada. Él es la **única** vida que nosotros verdaderamente necesitamos vivir para alcanzar la plenitud.

En resumen, lo antes expuesto nos lleva a un elemento fundamental: comprender que «La verdad» es una persona en quien debemos creer y confiar. Dar el primer paso, creer en el Hijo, salva de una vez y para siempre a la persona, no sólo del pecado de adulterio, sino de la condenación que arrastra por todos sus pecados anteriores. Esto queda establecido en muchas referencias que figuran en la Biblia, pero de manera muy enfática queda confirmado en una serie de afirmaciones del tercer capítulo del evangelio de Juan. Lea con detenimiento todo el capítulo y preste espacial atención a las partes que cito a continuación:

> «Porque de tal manera amó Dios al mundo, que ha dado a su Hijo unigénito, para que todo aquel que en él cree, no se pierda más tenga vida eterna.» (Juan 3:16)

> «Porque no envió Dios a su Hijo al mundo para condenar al mundo, sino para que el mundo sea salvo por él.» (Juan 3:17)

> «El que en él cree no es condenado; pero el que no cree, ya ha sido condenado, porque no ha creído en el nombre del unigénito hijo de Dios.» (Juan 3:18)

«El que cree en el Hijo tiene vida eterna; pero el que rehúsa creer en el Hijo no verá la vida, sino que la ira de Dios está sobre él.» (Juan 3:36)

No puede ser más claro. El único camino para recibir el perdón de los pecados y gozar de la vida eterna, es este: **Creer en la Verdad,** es decir, en el Hijo. Una fe genuina depositada en la persona de Cristo limpia del pecado y otorga la vida eterna.

Una vez que el individuo posee una fe genuina en la persona correcta requerirá de un manual que le indique el camino por el que debe transitar. Un consejero que le recomiende cuál sea la mejor alternativa en la continua toma de decisiones. El ser humano debe aprender a vivir bajo el cobijo de la Verdad. Este es el momento apropiado para hablar del segundo concepto sobre la definición de la verdad:

La verdad revelada. Una persona que posee una fe genuina en la Verdad, Cristo, si desea experimentar en plenitud todas las posibilidades que le ofrece su nueva vida, *deberá crecer en el conocimiento pleno de la verdad revelada.* El ser humano requiere de **los planos de navegación** para darle el rumbo correcto a su vida. Acudir a la verdad revelada para la toma de decisiones es como poseer el *manual de usuario* para el diario vivir. Apegarse al manual le dará la certeza en sus decisiones y acciones diarias. Aquellas indicaciones permanecen plasmadas en la Verdad revelada, de ahí que se hará indispensable su pleno conocimiento. Por esto, el segundo paso rumbo a la liberación es darse a la tarea de estudiar la voluntad de Dios escrita en su Palabra.

A manera de repaso, para lograr una genuina liberación de las cadenas generacionales usted requerirá una fe genuina, conocimiento pleno de la verdad y tercero, **permitir que la verdad libere**.

Todo el proceso de liberación inicia desde el momento en que el hombre decide depositar su fe en Dios. El siguiente paso será cultivar un pleno conocimiento de Dios mediante el estudio cotidiano de la verdad revelada. Finalmente, el tercer paso será permitir que la verdad libere, lo que significa dejar que el poder de Dios actúe en su vida y todo lo que esto incluye, es decir, sus decisiones, su tiempo, su mente, su voluntad, etc. *No existe cadena de maldición generacional que se resista a la sinergia que se obtiene al sumar el poder de Dios revelado en su Palabra, más la entrega resuelta de la voluntad del hombre a los principios revelados en ella.*

Un error frecuente es pensar que a este último paso le rodea un aura de misterio. Algo muy abstracto que funciona lejos de nuestra realidad. Algo así como «la fuerza» que acompaña al maestro *Jedi* de la serie *Star Wars* (La guerra de las galaxias), cuando no es así. Permitir que la verdad libere, es apegarnos a la verdad revelada y a sus múltiples sugerencias. Cuando Jesús dijo: "conoceréis la verdad y la verdad os hará libres" (Juan8:32), aclara que la mentira, en contraposición a la verdad, esclaviza. Porque la inercia de la mentira, inherente al ser humano, se manifiesta en una serie de decisiones equivocadas, que finalmente crearán un entramado que terminará por convertirse en su prisión. Por esto, el único camino de auténtica liberación es la verdad, *pero aquella verdad revelada que se cree al extremo de convertirse en un estilo de vida.*

Cuando el hombre toma el camino de la mentira ha caído en una trampa sin otra salida que la misma mentira. Porque lo único que puede ocultar una mentira es otra mentira. La infidelidad se resguarda por la mentira. Piense en esto: ¿No utilizamos como sinónimo de infidelidad la palabra engaño? ¿Por qué? ¡Porque es una mentira! Y convierte al hombre que toma este camino en un mentiroso. **No se mienta así mismo. Confesar su acto de infidelidad a su esposa, es la decisión correcta para un nuevo comienzo cimentado en la verdad**. Sé que usted, queriendo liberarse de las ataduras de la infidelidad, ha creído que simplemente dejando de ver a su amante podrá superar su mala decisión. Cuando el hombre actúa de este modo, convierte su casa en un campo minado, en el que tarde o temprano la verdad saldrá a la luz, y créame, cuando eso suceda será mucho peor. No puede cubrir la verdad con mentiras.

Dejar que la verdad libere es creer en Dios al extremo de obedecer lo que Él manda en su Palabra. Obedecer a Dios es un acto de fe. Es creer y confiar que sus indicaciones son para nuestro cuidado. El paso de fe se hace efectivo desde el momento en el que usted entra en acción al decidir obedecer a la verdad, comenzando por hablar con la verdad. Sé que al confesar su adulterio sacudirá todo su sistema familiar, pero la verdad libera. Después de la tormenta, la calma llegará. Confesar le llevará a dormir tranquilo. Asumir responsablemente las consecuencias de sus actos le permitirá un nuevo comienzo basado en la verdad. Quizá requiera de la asistencia de un profesional de la salud mental o de un consejero competente para que les asista a usted y a su esposa en este penoso proceso. Si así lo considera, hágalo.

La verdad no solo libera, también protege. Cuando el infiel confiesa su adulterio, marca un punto de honestidad en su vida y esto le sirve como una razón de peso para no volver a contactar a su amante. Por el contrario, si lucha solo, se miente a sí mismo pensando que logrará romper de manera definitiva con la otra mujer. Esto hará que se prolongue la despedida y el infiel entonces caerá en la trampa de su mentira al permitirse **contactos posteriores** con la otra mujer, bajo el autoengaño de "necesito despedirme". El siguiente encuentro se dirá a sí mismo la mentira "creo que sí podemos quedar como amigos". La última mentira que se contará es "esta será la última vez que tenemos relaciones sexuales". Así, atrapado en este círculo vicioso permanecerá aferrado a su entramado mentiroso.

Obtenga resultados diferentes, precisamente, haciendo cosas diferentes. Abrace la verdad como su nuevo estilo de vida. Crea en la Verdad, viva la verdad, hable con la verdad. Rompa de una vez y por todas con aquellas cadenas generacionales de mentira. El proceso ya lo conoce… ¡adelante!

• Oportunidad

La razón de la infidelidad como producto de la oportunidad responde a lo peligroso que resulta sumar dos elementos de riesgo: *una vida monótona y la seducción de la oportunidad.*

El primero de los ingredientes de la explosiva combinación surge como consecuencia lógica de un estilo de vida aburrido, rutinario, monótono, predecible. Normalmente se trata de hombres mayores de cuarenta años, enojados porque se confrontan de golpe con el hecho de que su vida, en general, no corresponde a lo que ellos hubieran deseado. Han hecho un alto en su camino para darse cuenta de que no lograron las metas que se habían propuesto cuando eran más jóvenes. Para colmo, están endeudados. Son soñadores que vieron sus aspiraciones bloqueadas y sus metas frustradas. En el presente, se encuentran atrapados por la apatía de la vida que ellos mismos han construido. "Obligados" por las circunstancias a permanecer en su trabajo, en su casa, con su mismo auto, bajo la misma rutina con su familia. Todo lo que les rodea parece gritarles que están encarcelados, atrapados, obligados. Sin otra aspiración que pagar sus deudas, inician su día. Transitan por el mundo con la ilusa esperanza de que un día, en su tediosa vida, algo increíble suceda que los rescate y les devuelva la luz de la alegría.

Evidentemente una actitud tan ingenua y pasiva ante la vida será el primer componente que lleve a éstos hombres a odiar en secreto a su esposa. A culparla consciente o inconscientemente de su vida miserable. Esto genera, por consecuencia lógica, un peligroso distanciamiento sexual entre ambos y un natural abandono a la esposa. Como podrá suponer, la pareja que viaja por estos caminos está preparando el escenario para la infidelidad.

De manera equivocada, los sujetos antes descritos, cada día llegan a su casa cansados de la rutina diaria, cargados además con aquel negativismo extremo generado por el roce entre ellos y sus compañeros del trabajo y con un desgano cada vez mayor para cumplir con las expectativas y necesidades de su esposa. Algunos, erróneamente, se hunden cada vez más en su trabajo para lograr pagar sus cuentas y liberar así sus atormentadas conciencias. Esto es algo así como desear salir de un pozo, cavando más hondo.

Atrapado por las gruesas cuerdas de la monotonía, la seducción de la oportunidad no tardará en hacer su brillante entrada. Un romance fugaz. Un momento de placer. Un descanso en las empinadas escaleras de la vida. Por supuesto que la experiencia parecer deseable. ¡Sentirse vivo otra vez! ¡Experimentar algo nuevo! Para un hombre sumido en lo más espeso de la rutina, la alternativa podría resultar muy refrescante. Encender otra vez la chispa de la pasión podría resultar revitalizante. Es por esto que al consecuente debilitamiento del compromiso matrimonial producto de la rutina, le cae de peso la seductora compañera del trabajo que, por cierto, sufre de lo mismo. Ambos platican. Se comprenden. Se dedican tiempo y escuchan con respeto sus mutuas e idénticas penas y frustraciones. El final está escrito. La oportunidad los tiene atrapados.

¿Qué se debe hacer? En semejante caso es mucho mejor prevenir que lamentar. Si usted se encuentra descrito en esta categoría y no ha caído aún en las redes del adulterio, sepa que se encuentra en un muy alto riesgo de hacerlo… ¡Libérese cuanto antes! Rompa con la rutina de su día haciendo cosas diferentes porque si hace lo mismo esperando que las cosas cambien por sí solas… ¡jamás ocurrirá! Respecto a su trabajo, atrévase a tomar los *riesgos* que le demanda el cambio. Ofrezca nuevos horizontes a su existencia. Descubra que sí existen muchos caminos aún por recorrer. Con mucho entusiasmo, siga este sencillo procedimiento:

1. **Deje de culpar a su esposa**. Usted la eligió un día como su compañera de viaje. Soñaba con ella. Se ilusionaba con la idea de emprender juntos la aventura de la vida. Si hoy la observa apagada es porque *usted la ha desilusionado con su abandono*, con sus ofensas y con su negativa a luchar por ella. No lo dude, ella siente su desencanto. Así es como el espiral descendente ha comenzado. El marido culpa a la mujer por su vida miserable y con enojo oculto hace distancia. Ella percibe de inmediato el sentir de su marido y observa la distancia, lo que despierta en ella un sentimiento de minusvalía. Por consecuencia lógica, se apaga la pasión y decrece la motivación e ilusión, lo que a su vez hará que la esposa luzca menos deseable para su marido. Este, al contemplar la actitud cada vez menos estimulante de su esposa justifica su sentir de rechazo hacia ella y hace más distancia, lo que a su vez también aumentará el sentir de abandono en la esposa, y así, el espiral descendente continúa su proceso destructivo llevando a la pareja rumbo al desastre. El final siempre es doloroso para ambos. Por esto le animo a que de inmediato deje de culpar a su esposa y luche por ella. Si admitimos la coparticipación en este espiral descendente, comprenderemos que cada hombre tiene a la mujer que se merece.

2. **Sea creativo en el tiempo con ella**. No reduzca la grandeza del amor a un vulgar y muy variable sentimiento. *El amor debe ser entendido como una decisión que guía al corazón*. Si usted ha decidido amar a su esposa no espere que por *arte de magia* la motivación llegue. Otorgue un lugar honorable en su agenda a su esposa. Un lugar prioritario, impostergable e insustituible. Sea creativo en cada oportunidad en que salgan juntos. Tenga planeado el evento. Sea galante, no olvide que esto será el combustible para su relación ¡*Desaparezca con su esposa sin niños qué cuidar!* Pague el precio. Hablo de la niñera, el restaurante, el regalo y el detalle. ¡Sorpréndala! Tal y como cuando eran novios. Cultive el corazón de su esposa y como antes decía, también así tendrá a la mujer que se merece.

3. **Identifique su problema real**. Este será un trabajo personal. Si usted culpa a su esposa por su "miserable" vida deberá identificar las razones reales de su *miseria*. Quizá se deba a un trabajo mediocre, decisiones financieras desafortunadas que le llevaron a endeudarse, estancamiento en su crecimiento personal, falta de fe ante la vida o cualquier otra razón. Nuestro deber como hombres ante la esposa, es tomar la responsabilidad de guiar en un liderazgo amoroso a los nuestros en el hogar. Lo que no significa tomar el lugar del «jefe» que ordena, sino del hombre que protege y cuida de ella. Tome primero el liderazgo de su propia vida para que pueda guiar a su familia con calidad moral.

Cuando la pareja enfrenta el adulterio por oportunidad, deberá existir un trabajo en equipo. Por lo mismo, las sugerencias que ahora le presento son para usted, la esposa del infiel por oportunidad.

1. **No finque su estima en la aprobación de su esposo**. Finque su estima en Dios, esto será un ancla para el caso de que su esposo no tome la primera recomendación que le toca.

   Seguramente Dios le ama y acepta tal y como es usted. Si su marido le culpa de manera constante de hacer miserable su existencia, no lo acepte, a menos que en efecto usted le esté haciendo la vida imposible. En tal caso, deberá con honestidad analizar lo que esté usted haciendo de manera equivocada y corregir de inmediato su conducta. Pero si usted, en un acto honesto de introspección no encuentra mala intención en sus actos, no acepte las continuas afirmaciones de desaprobación que su esposo hace de su persona, porque son una mentira. Identifique que son una manera en la que él evade su propia responsabilidad. No permita que estos comentarios negativos remuevan su estructura. **¡Aférrese a la verdad!** Su valor no depende de lo que él diga, sino de lo que Dios afirma. Nútrase de la verdad. Conozca la opinión que Dios tiene de usted como mujer y aférrese a su Palabra para que pueda sobrevivir.

2. **No tome de manera personal el desánimo de su esposo**. Bajo ninguna circunstancia tome la responsabilidad de la felicidad de su marido. Él deberá identificar las razones de su infelicidad. Usted, por

su parte, no acepte responsabilidades que no le corresponden. Apoye a su esposo. Anímelo. Acompáñelo. Motívelo a tomar decisiones sobre su trabajo y refrende su apoyo a las decisiones que él tome. Los comentarios alentadores, no las críticas, es lo que su esposo necesita cuando atraviesa una crisis de este estilo.

3. **Déjese querer**. Si su esposo acepta las indicaciones antes expuestas y hace sus primeros intentos por mostrarle arrepentimiento de sus acciones equivocadas, como haberle culpado por lo miserable de su vida, perdónelo. Y si todavía añade el paso de ser creativo con el tiempo que pasa con usted, sepa que de seguro se va a equivocar. Las primeras salidas no resultarán tan agradables, mejor dicho ¡resultarán un desastre! No lo desanime con sus comentarios de insatisfacción. No "sople" con sus críticas al pábilo de la vela que intenta encender. Mejor, colabore con él. ¡Déjese querer!

Nota final: La infidelidad por oportunidad puede ocurrir en cualquier momento, no descuide su relación matrimonial. Pero si ya ocurrió y decidió dar otra oportunidad, solo resta una recomendación para ambos:

Otorgue un voto de confianza. Cuide el voto que le otorgan.

A la esposa engañada le toca otorgar el voto de confianza. Entonces, libere a su marido y no le haga pasar las de Caín. Admita que por más que haga él o usted, no logrará generar confianza en su esposo. Es usted quien debe tomar la decisión de dar el voto de confianza. Ahora está usted consciente de lo que puede ser capaz de hacer su esposo y lo cruel que puede llegar a ser. No obstante, le invito a lanzarse *de nueva cuenta* al precipicio al perdonarlo, sabiendo que el fondo está lleno de rocas afiladas. ¡Ya lo ha experimentado! Pero seguramente, esta vez sabrá como volar sobre el acantilado, *planeando* como en un ultraligero, y mantenerse a flote a pesar de los riesgos que esto implica.

Para el marido: *Cuide el voto que le ha sido otorgado*. Jamás olvide que su esposa no estaba obligada a perdonar y aun así decidió hacerlo. De manera práctica, cuide el corazón de su esposa. Por ejemplo, si por cualquier razón ha de llegar tarde del trabajo, tómese "la molestia" de llamar. Si ha de salir con algunos amigos, informe a su esposa los detalles del evento, quite la contraseña a su teléfono celular, mire a su esposa a los ojos cuando hable con ella, etc. Cosas tan simples como estas, generan un clima de confianza.

Si ambos toman estas sencillas recomendaciones lograrán ver los cambios que tanto urgen en su relación matrimonial. No se desanimen, después de todo, pelear contra la rutina requerirá de una buena dosis de esfuerzo cada día. Jamás pierda de vista que la rutina convierte un matrimonio en tierra fértil para la infidelidad.

• Un deseo constante de venganza

Muy unido a lo anterior podemos encontrar una razón más de la conducta infiel. Se trata de un deseo constante de venganza. En los múltiples análisis que he hecho de hombres que han caído abatidos por la infidelidad, movidos por una raíz de un sentimiento oculto de venganza, los resultados con frecuencia nos llevan hacia dos sencillas conclusiones: *el infiel es hijo de una matriarca, o está casado con una matriarca.*

Para unificar criterios sobre lo que comprende el término «matriarca» le diré a usted que el término es análogo al de *patriarca*, cuyo significado más profundo se relaciona con **el poder o gobierno sobre alguien o algo.**

Desde la antigüedad, las sociedades se han caracterizado por gobiernos patriarcales. Agrupaciones que giraban en torno a un hombre claramente identificado como el líder del grupo. El patriarca era quién llevaba la batuta en la toma de decisiones. Controlaba a las personas con el poder que sus agremiados le otorgaban, y su alcance iba mucho más allá del mero acto de gobernar, en el sentido político, al grupo que presidía. *Su poder e influencia permeaban la vida del gobernado en sus pertenencias, su persona y su familia.*

Naturalmente dicho poder traía consigo cierta **ambivalencia** en el trato entre el patriarca y su pueblo. La gente dependía de él para sus decisiones más cotidianas y experimentaba cierta protección por contar con la *aprobación* del líder. Pero a la vez, tanta intromisión en la vida personal, llevó a muchas sociedades de esta naturaleza, a odiar en secreto al patriarca. Este odio, motivado por el abuso del poder al que muchos líderes sometieron a su gente, creaba siempre una relación de *doble vínculo* entre el patriarca y el gobernado.

Cuando en psicología utilizamos el término «matriarca», retomamos los elementos que acompañan aquel concepto de sociedad patriarcal y los atribuimos a la mujer. Además añadimos los elementos psicológicos que se producen en el trato con la mujer matriarca.

Todo lo anterior se vuelve uno de los más importantes *arquetipos*, es decir, impresiones o modelos de los que se desprenden los conceptos. Y que C. G. Jung describe en su obra: "Los arquetipos y lo inconsciente colectivo". Cuando este autor ofrece una descripción sobre el concepto de lo maternal, los conceptos fluyen de lo positivo a lo negativo:

> Lo «maternal», por antonomasia, la mágica autoridad de lo femenino; la sabiduría y la altura espiritual más allá del intelecto; lo bondadoso, protector, sustentador, lo que da crecimiento, fertilidad y alimento; el lugar de la transformación mágica, del renacer; el instinto o impulso que ayuda; lo secreto, escondido, lo tenebroso, el abismo, el mundo de los muertos, lo que devora, seduce y envenena, lo angustioso e inevitable. (Jung, *2002*, p.79)

La ambivalencia en la descripción que Jung expone, nos deja helados. Mi maestro de Psicoanálisis solía decir: "Madre, solo hay una… ¡y menos mal!" En un estado normal, quiero decir, en una relación típica madre e hijo, los sentimientos más opuestos suelen guardarse hacia la figura materna. Pero si añadimos a la maternidad **los elementos matriarcales** de una mujer, la brecha que se abre entre los sentimientos positivos y negativos del hijo hacia su madre, se pronuncia aún más. Porque una matriarca es una mujer gobernante con mucho poder e influencia en su sistema familiar, que utiliza su poder para imponer sus ideas, lo que terminará por convertirla en una dictadora impositiva y castrante.

Ser hijo de una matriarca, hace que el niño desarrolle una estructura psicológica desequilibrada e incompleta. Por identidad de género, el hijo varón deberá *identificarse* con la figura paterno masculina para su buena salud mental. Dicha figura, deberá ser para él, una imagen sólida, fuerte, estable y deseable. En un hogar con **jefatura matriarcal**, con frecuencia, el hijo varón no puede ver con admiración y respeto la imagen de su padre, por el contrario, crea una imagen disminuida de él por dos razones simples: primero, por la actitud cobarde del padre que no se atreve a enfrentar a la matriarca. Y segundo, por las constantes actitudes y comentarios negativos que la madre matriarca suele hacer del padre.

Los recuerdos que guardan los hijos de las matriarcas típicamente son de escenas muy intensas en las que ellos presenciaron encuentros en los que el padre permanecía impávido ante las ofensas de la matriarca. Quien lo humillaba públicamente, gritando a los cuatro vientos sus improperios sin importarle la presencia de nadie, incluyendo a sus hijos. Y cuando la pelea se intensificaba más de lo habitual, el hijo varón, con desilusión, atestiguaba la manera en la que su padre salía prácticamente huyendo del lugar.

En lo que refiere a ellos mismos, fueron niños violentados por la conducta manipuladora y chantajista de una mujer en la que no existía otra alternativa que su propia voluntad. Esto crea una relación de *doble vínculo* entre el hijo y la matriarca. Es decir, una relación de *amor-odio*. Por un lado la ama y por el otro la detesta. No puede vivir con ella, ni sin ella. Las relaciones de *doble atadura*, en esta díada, arrastran consigo gran cantidad de dolor psicológico. Como bien registra la historia, los dictadores patriarcales, al igual que las matriarcas antes descritas, invariablemente dejan rencores profundos en sus gobernados.

En suma, el hijo de la matriarca, consciente o inconscientemente, llega a vivir bajo un deseo constante de venganza por haber tenido una madre castrante e impositiva. Una matriarca que no supo respetar a su marido, quién era precisamente el padre del hoy *"esposo enojado"* quien, a su vez, no supo afirmar la masculinidad de su hijo. El absurdo es que típicamente el esposo con semejante historia, dirige su venganza hacia la esposa y no hacia la madre. Porque en los hijos de las matriarcas, la figura *materno-matriarca*, se constituye con frecuencia en un auténtico *tótem*. Quiero decir, un ser poderoso, intocable, temible y muy deseable.

El varón hijo de una matriarca, vive aferrado a una *atadura emocional* entre él y la imagen que guarda de su madre incrustada en su mente. Dicha atadura del pasado producirá en su presente un fuerte atractivo por mujeres poderosas, inflexibles, líderes y de carácter fuerte. Paradójico, pero el hombre atado a su pasado se enamora de mujeres del perfil de su propia madre. Es así como el infiel, por un deseo de venganza, termina casado con otra matriarca quien naturalmente, termina por controlarlo tal y como lo hacía su madre. Esto llenará de rencor al sujeto en contra de su mujer. Dicha combinación dará inicio a secuencias destructivas en la relación que la someterán a un estrés creciente.

¿Qué hacer cuando se identifica un sentimiento de venganza de esta naturaleza? Hay una serie de recomendaciones que podrían ser de mucha utilidad a quien experimenta un enojo constante hacia la esposa. La gran mayoría de estas sugerencias van dirigidas hacia el hombre que ha sufrido de este *bloqueo emocional*. No obstante, también hay algunos consejos para la esposa, quien finalmente resulta ser el foco de la ira contenida del marido. Para empezar, permítame referirme al hombre enojado:

1. **Identificar**. Es muy importante que si usted es hijo de una matriarca, pueda identificar si existen rencores hacia su madre. Este paso resulta difícil, porque la figura materno-matriarca es muy sólida, incluso, podría generar temor el simple hecho de pensar de manera negativa hacia ella.

2. **Clarificar**. Las actitudes matriarcales de su esposa, si es que usted está casado con una matriarca, no deben ser sumadas a la lista de las antiguas heridas que su madre le hizo. *Sumar* hará imposible la sana convivencia de la pareja. *Clarificar,* es que usted mantenga la mente en perspectiva justo en el momento en el que su esposa repita ciertas actitudes que usted aborrecía en su propia madre. Cosas pequeñas como miradas, palabras, acciones, posturas corporales, etc. Una simple mirada desafiante de su esposa es suficiente para encender la «mecha» del conflicto. Por lo mismo, es indispensable evitar el fenómeno de la *trasferencia de cuentas*. Clarifique su mente y no sume las deudas añejas -que todavía esperan ser cobradas- de la cuenta de su madre matriarca en la nueva cuenta de su esposa, a pesar de que le parezcan idénticas. Este enredo mental en el que el hijo de la matriarca se encuentra, le exige un siguiente paso:

3. **Perdonar**. Una y otra vez el perdón será el paso indispensable para lograr una vida en libertad. El perdón en este caso deberá dirigirse en dos sentidos: Primero, hacia la propia madre. Y en segundo término, hacia la esposa. Aplique a estas dos líneas relacionales los tres pasos que en este libro fueron expuestos.

4. **Reestructurar**. El matrimonio que ha vivido en conflicto por este factor, ha establecido previamente patrones nocivos dentro de su estructura familiar. Dichos patrones deberán ser eliminados para poder establecer nuevos lineamientos de relación e interacción dentro del núcleo familiar. La reestructuración deberá dirigirse particularmente hacia la **jerarquía en su hogar**, porque es *la jerarquía la que establecerá la asignación y aceptación del poder dentro de un sistema familiar*, y es esta, la que se ve seriamente lastimada bajo un matriarcado activo.

5. **No provoque el enojo de su esposa**. Mi abuelo decía: "de por sí la perra es brava… ¡y le pateas la reja!" ¡No finja demencia! Admita que es usted quien provoca la ira de su esposa, y lo más perverso, es que lo disfruta. Verla enojada se ha vuelto divertido, y usted ha convertido cada comentario suyo, en su pequeña venganza ¡No provoque el enojo de su esposa! No altere su estado emocional. Cuide sobre todo el corazón de su mujer. *Considere que cada hombre tiene… a la mujer que se merece*.

6. **Luchar**. El esfuerzo por lograr la completa recuperación familiar no será camino fácil. No espere cambios milagrosos, instantáneos o que no requieran esfuerzo alguno. Su esposa no le reconocerá fácilmente como una figura de autoridad, principalmente si usted ha sido infiel. No se desanime! Que su meta sea lograr recuperar la confianza y credibilidad ante su esposa, y principalmente, recuperar el liderazgo en su hogar.

Para el caso de la esposa, las recomendaciones van dirigidas hacia evitar las secuencias destructivas en su relación matrimonial. Sé que usted ha sido acusada de cosas que no ha hecho todavía, y que en repetidas ocasiones su esposo ha reaccionado en exceso ante ciertas actitudes suyas. Incluso, algunas veces sin aparente razón, él ha arremetido contra usted de manera injusta. Después de leer lo anterior, sabrá que su marido estaba trasfiriendo a su cuenta facturas que verdaderamente a usted no le correspondían. Ante todo esto, le ofrezco las siguientes sugerencias:

1. **No se "enganche" con las cuentas pendientes de su marido**. Si ha comprendido que su marido tiene asuntos pendientes con su

propia madre, dese cuenta también de que no se trata de usted. Por lo mismo, no le "compre" la factura que él quiere endosarle. Cuando usted responde de manera agresiva ante las acusaciones injustas de su marido, estará participando en el juego perverso de "no busco quién me la hizo, sino quién me la paga."

2. **Libérese de su tendencia al matriarcado.** Probablemente usted misma es hija de una matriarca, por algo su marido se enamoró de usted. Por esto habrá notado que el manejo de las personas y la imposición de sus ideas a los demás, se le dan de manera natural. Si admite que paradójicamente *su debilidad es el poder*, es usted una matriarca, o está en proceso de convertirse en una. Y terminará por repetir el patrón de su madre o de su abuela matriarca. La sugerencia es: renuncie a este patrón familiar.

3. **Respete a su marido.** El respeto y la credibilidad hacia la figura masculina son el caballito de batalla de una matriarca. ¡Cómo les cuesta a las «*mujeres líderes*» soltar el control y el poder! Las excusas son muchas. Sé que su marido no ha tomado el liderazgo en su casa y por lo mismo usted se justifica que por eso decidió tomarlo. Pues ante esto, le recuerdo nuevamente lo que la sabiduría popular dice "de por sí la niña es risueña... ¡y le dan sonaja!". Debe considerar que ceder a la seducción de tomar el control y el poder fortalecerá poco a poco su matriarcado. Lo peor de todo, es que tomar ese papel hará cada vez más pasivo a su marido. Ante esto, definitivamente "es mejor echar a andar al burro... ¡que cargar la leña!". Renuncie a sus cotos de poder respetando a su marido.

Por más que trate de hacerle divertido todo lo que antes decía y con el debido respeto por los comentarios anteriores, la seriedad del asunto del matriarcado en un hogar es absoluta. Luchar por recuperar el equilibrio en la relación familiar es un trabajo de todos los días, principalmente, cuando se atraviesa por semejante circunstancia. Lo último que añado respecto al matriarcado, es que esta clase de patrones en una familia dañan seriamente la misma estructura de cada uno de los miembros que la conforman. Porque la jerarquía en un hogar, le dictará a cada uno, cuál será su lugar y su función en la familia y en la sociedad. Y estos «papeles» serán asumidos y posteriormente practicados por el resto de sus vidas.

• Una visión equivocada de la mujer

Con frecuencia, en la familia de origen de algunos infieles, se puede identificar una visión muy degradada del sexo femenino. Son hombres que provienen de familias en las que no se trata con respeto a la mujer, por el contrario, son vistas y referidas como un objeto sexual sin ningún otro valor. Se utiliza un lenguaje vulgar y grosero para hablar de ellas y no se le otorga el lugar honorable que la mujer debe tener en una familia. Incluso, el infiel que experimenta esta clase de historia, pudo haber llegado a observar a su propio padre violentar a su madre con burlas, empujones, palabras altisonantes y hasta golpes.

Si este fuera el caso de su marido, usted debe saber que su esposo, en secreto, siempre odió a su padre por la forma en la que trataba a su madre y que un día él se propuso solemnemente ser diferente, y que **una de las metas en su vida ha sido formar un hogar cálido y amoroso, en el que la violencia no tuviera lugar**. Pero por desgracia, al no ser enseñado a tratar con respeto a la mujer, terminó por tratarle a usted de la misma manera en la que su padre trató a su madre. Esto es algo que él odia de sí mismo y con lo que lucha en su interior, a pesar de que su exterior comunique otra cosa.

Todo hombre que tiene definiciones equivocadas en su estructura mental, debe saber que está **programado** para actuar de la misma manera que su antiguo sistema familiar le impuso. Debe considerar que su visión de la realidad esta distorsionada y que sus respuestas están estereotipadas. Que serán replicadas una y otra vez tal y como el cliché de la imprenta imprime en las hojas de papel el *modelo* bajo el que está diseñado, no importando el número de veces que sea utilizado.

Si usted tiene la «impresión mental» de que la mujer es un objeto sin valor, que existe para darle satisfacción y al que se le puede tratar sin respeto, **ese será el sello que dejará impreso en cada mujer con la que tenga contacto**. Además, cada mujer a la que trate sin dignidad y honorabilidad reforzará en usted aquel modelo distorsionado. Utilizar a una mujer para satisfacer sus fines egoístas y mezquinos es un daño contra sí mismo. Piense en esto, hombres como usted utilizan a las mujeres para el propio deleite, pero después terminan repudiándolas. Porque nadie desea vivir y convivir con un objeto al que se le puede tratar sin deferencia ni consideración. Por lo tanto, si este fuera su caso, estas son las recomendaciones para que pueda tener un nuevo comienzo:

1. **Cambie el cliché de su mente**. Se le llama *cliché* a la placa de imprenta que se emplea para crear modelos de impresión. Pues ahora, como esposo, requerirá de un nuevo *cliché* o modelo **para interpretar la esencia y existencia de la mujer**. Todo ser humano debe hacer una revisión continua de los *clichés* o *modelos distorsionados* que ha coleccionado a lo largo de su existencia. Ya sea por imposición familiar o por elección propia, usted carga con modelos erróneos en su mente que le hacen actuar de la manera en la que lo hace. Así es que, si desea cambiar su conducta hacia ciertas circunstancias o personas, trabaje en un profundo y genuino cambio de modelos mentales que generan sus actitudes.

2. **Asigne un lugar de honor a su esposa**. Dios ama el diseño original de la mujer. Después de todo, Él es el artífice de semejante creación. Muy contrario a la opinión equivocada que algunas mujeres tienen de Dios, imaginándole hasta misógino, Él anima al hombre a asignarle un lugar honorable a la mujer:

    > «Vosotros maridos, igualmente, vivid con ellas sabiamente, **dando honor a la mujer** como a vaso más frágil, y como a coherederas de la gracia de la vida, para que vuestras oraciones no tengan estorbo» (1 Pedro 3:7 *énfasis mío*)

    Asignar un lugar de honor a la mujer, significa darle un espacio en la mente y en el corazón. Un lugar en la familia con los propios padres y con los hijos. Un lugar en la agenda y ante la sociedad.

3. **Haga del respeto a su esposa un estilo de vida**. Cuando el hombre se propone darle el lugar que la mujer debe tener, esto se verá reflejado en la vida cotidiana. En la manera de tratarla, de responderle, de mirarla, de amarla, etc. También se manifestará en la manera en la que la tratan sus hijos. No permita que nadie, ni siquiera sus propios hijos, falten al respeto a su esposa.

4. **Cuide la manera en la que usted se refiere a su esposa**. Jamás haga bromas pesadas sobre el género femenino y menos de la mujer a la que Dios puso bajo su cuidado. Propóngase jamás exhibirla frente a nadie dejándole en evidencia ante sus parientes o amistades. Nunca cometa

la indiscreción de tratar sus asuntos sexuales con sus amigos *porque esto es una profunda falta de respeto y traición a la intimidad que debe a su esposa.* El hombre que ha actuado así, queda en evidencia. Después de todo, usted la eligió como su compañera. Así es que siempre su manera de referirse a ella, deberá ser con profundo respeto.

5. **No lo piense más, acuda a buscar ayuda**. Para el caso de aquellos hombres en los que su visión equivocada les ha llevado a actuar con violencia hacia la esposa, debe saber que usted necesita ayuda profesional. ¡No lo piense más! La violencia tiene raíces individuales muy profundas que pueden ser desactivadas con la intervención oportuna de un consejero profesional con un amplio conocimiento de las Escrituras y de la conducta humana. Vencer el impulso de la violencia hacia la mujer no siempre es cuestión de voluntad, sino de poder. Precisamente usted carece **de ese poder** para detenerse. Dese cuenta de que por más que lo ha intentado, tarde o temprano la agresión a su mujer hace su acto de presencia. Entonces, con honestidad admita que requiere de un proceso de análisis de su conducta violenta y una serie de indicaciones profesionales para el manejo adecuado de sus impulsos. De este modo, logrará vivir libre de esta atadura.

Para la esposa del sujeto que tiene una visión equivocada de la mujer, sólo tengo una recomendación:

Establezca límites claros y bien definidos a su esposo. Normalmente, la mujer que sufre de la falta de respeto de su marido, es porque antes lo ha permitido. Esto le ha hecho caer en una dinámica de maltrato en la relación matrimonial. Si este es su caso, establezca límites claros a su marido. El límite por excelencia es este: **No voy a hacer nada que te cause algún daño, ni te voy a permitir dañarme**. No se falte al respeto a sí misma. Si su marido le ofende, ponga un límite. Si él no le da el lugar que usted debe tener, y por el contrario, la ofende, no guarde sus ofensas en su corazón. Si su marido es grosero o vulgar en su manera de referirse a usted, no lo permita y hágase escuchar con respeto. Si quien se supone que debe respetarla a usted -su esposo- no la respeta, respétese a sí misma dándose a respetar. De ninguna manera se levante en armas en contra de su marido, porque al final terminará convertida en lo que más odia de él. Mejor enfoque sus armas en contra de sus temores e inseguridades, porque quizá ese sea el fondo de su verdadera lucha.

• **Lujuria**

El infiel que perfila para esta categoría, normalmente se acuesta con cualquier mujer sin importarle su aspecto físico. Son hombres que se dejan llevar por sus instintos e impulsos más primitivos, que buscan el sexo por el sexo mismo. Para ellos, no hay diferencia si se trata de su empleada doméstica o de la esposa de su socio en el trabajo. Un hombre atrapado en las redes de la lujuria buscará incrementar el nivel de pasión y excitación en su actividad sexual a cualquier precio.

Quizá usted, la esposa del infiel atrapado en la lujuria, pueda recordar que él, ante la relación íntima que mantenían siempre parecía insatisfecho. Demandaba continuamente nuevas experiencias para el acto sexual, llegando incluso a pedirle cosas extremas que quizá usted hoy recuerde con vergüenza. Pero a pesar de que usted accediera a sus peticiones, nunca parecía ser suficiente. El colmo es que ahora su marido trata de justificar su adulterio, culpándole a usted por su *bajo interés* sexual. Esto podría resultar cierto si compara su apetito sexual con *la necesidad obsesiva y compulsiva de sexo que manifiesta su marido.*

Debe saber que un hombre atrapado en las redes de la lujuria ha sufrido una **esclavitud continua** a lo largo de su historia. Al principio fue la pornografía, después la masturbación. Posteriormente el deseo de experimentar lo real, le llevó a las relaciones sexuales prematuras, lo que terminó por desarrollar en él una conducta promiscua. Quizá en aquella etapa fue que ambos se conocieron *y ni siquiera usted escapó* a sus deseos porque muy pronto iniciaron su actividad sexual. Desde el inicio, usted descubrió que él tenía «algo extraño» en su conducta sexual, pero pensó: "así son todos los hombres". Y lo justificó. Fue así como nació en usted el temor que le ha acompañado en cada acto sexual que han sostenido desde entonces. *La incertidumbre sobre si el apetito sexual de su marido llegará a encontrar completa satisfacción en usted.*

Si la infidelidad de su esposo responde a una cadena de lujuria, ya tenía que haberse manifestado antes en necesidades sexuales muy intensas.

Por otra parte, si usted, marido infiel, se ve descrito en semejante situación, deberá admitir que tiene un problema interno que se llama **conducta adictiva**. Si en este momento hace una pausa y trata de recordar su historia sexual, notará que este asunto no es algo nuevo. Es algo con lo que usted ha batallado toda su vida. Pero el enemigo a vencer no es el sexo mismo, sino la **conducta compulsiva**. Es esto lo que le ha mantenido adicto o esclavo de sus pulsiones, hoy por hoy, sexuales.

La conducta compulsiva puede manifestar su «adicción» de diferentes maneras. De pronto será, como en este caso, con una conducta sexual promiscua. Si logra "vencer" el sexo, su compulsión podría dirigirse a la comida, haciéndole ganar peso al comer por ansiedad. Después de abandonar la comida, será la bebida, convirtiéndole en un alcohólico. Posteriormente serán las compras compulsivas. Después, quizá sea el cigarro, principalmente después de haber pasado por un período de compras compulsivas y ver sus estados de cuenta! Y así… *la cadena compulsiva* parecerá no terminar. Si usted reconoce que batalla con esta clase de problemas, necesita poner especial atención a las siguientes recomendaciones, porque tiene entre manos una «conducta adictiva.»

1. **Admita que tiene un problema**. Admitir que ha sido atrapado en las redes de la lujuria, es el primer paso en su proceso de recuperación. Dese cuenta de que su problema no es nada nuevo, porque desde que tiene uso de razón ha cargado con esta atadura. Es esto lo que le ha arrastrado constantemente a la búsqueda de nuevas experiencias que mantengan vivo su alto nivel de excitación sexual. Con el simple hecho de admitirlo, ya ha avanzado un paso rumbo a su liberación.

2. **Ya no se falte más al respeto a sí mismo**. El primer daño no es a su esposa sino a sí mismo. Cada vez que se deja dominar por sus impulsos internos, **doblega su dignidad como hombre**. El pecado de lujuria destruye todo lo que puede, y después, le convierte en su esclavo. ¡No se exponga! Ponga un límite a sus impulsos internos y recupere así el valor de su dignidad como persona. Por amor a sí mismo ¡No transite el camino de siempre! Caminos que usted sabe que invariablemente le conducirán a su caída, y después, inevitablemente le llevarán a experimentar el terrible dolor de la culpa.

3. **Lo que debe resolver es una adicción**. La atadura de la esclavitud a la que le arrastra la lujuria es el mayor obstáculo por librar. Para que

pueda lograr una genuina recuperación, necesita entender la manera en la que funciona la adicción en usted. Analice la siguiente secuencia típica en esta clase de adicción:

Fantasía: Todo comienza en la mente. Un pensamiento que se alimenta de su campo visual que puede ser estimulado por una linda chica en la calle, un programa de TV, la fotografía en una revista, etc. Cada pensamiento al que le permita la entrada producirá en usted un *incontenible deseo de ver más*. El conflicto básico de la fantasía… es que es fantasía. Esto nos lleva a reflexionar sobre dos asuntos importantes. Primero, que la fantasía alejará cada vez más a la persona de la realidad. Segundo, que en la medida en la que el hombre viva cada vez más en su fantasía, la realidad, representada por la esposa, le parecerá cada vez menos aceptable. En tal caso, la esposa siempre pierde. Lo que es lógico, porque el marido pone a su esposa a competir contra algo no real. Esto, además de ser injusto para su esposa, llegará a ser la motivación número uno para cometer el acto de adulterio.

Pornografía: El deseo de ver jamás quedará satisfecho. Vivimos en una época en la que el ver ha sido explotado por los medios masivos de comunicación. Hoy por hoy el acceso a la pornografía es realmente fácil. En TV por cable, en la computadora, en los medios impresos… ¡hasta en su teléfono! El aporte que la pornografía añade al fenómeno de la adicción al sexo, es que alimenta precisamente la fantasía.

Autosatisfacción: Es mucho más fácil darse placer a sí mismo que otorgarlo. La relación sexual es lo segundo, no lo primero. Una acción pasiva es permanecer en la espera de recibir. Es esto lo que explota la pornografía, *recibir placer sin esfuerzo*. Claro que podría resultar fácil y más autosatisfactorio que tratar de lograr el clímax en compañía de la pareja. El egoísmo se alimenta y se fortalece hasta contemplar la posibilidad de la autosatisfacción o masturbación, y el ciclo de la adicción avanza un paso más.

Obsesión: La obsesión, bajo el camino de la compulsión, es la idea fija que se arraiga en la mente y de manera constante le asalta. Es la búsqueda de elementos satisfactorios internos. La fantasía. *La obsesión crea una fortaleza que se apodera del terreno más sagrado que debemos* *cuidar,* **nuestra mente.** A estas alturas, el proceso ha tomado un camino subjetivo, y lo que había comenzado con reacciones instintivas, se ha atrincherado en el terreno abstracto de la mente, creando una fortaleza que dirigirá a la persona hacia la conducta compulsiva.

Compulsión: Es la acción reiterada a la que la obsesión arrastra. Así como el alcohólico es llevado por su obsesión mental a la necesidad de beber *compulsivamente,* de igual manera, quien es atrapado en las redes de la lujuria, es llevado a la necesidad de ver una escena pornográfica cada vez más intensa (obsesión) y cada vez con mayor frecuencia (compulsión).

Negación: La negación es un mecanismo de defensa que forma parte del ciclo de la dependencia, al defender obsesivamente su pequeño placer, «negando» primero que se tenga un problema con dicha conducta, y luego, al «negar» los efectos colaterales que esta le acarrea.

Racionalización: Es el segundo mecanismo de defensa que entra en acción. Racionalizar es la justificación mental ante las acciones adictivas, del perfil que éstas sean. Cabe mencionar que estos dos mecanismos de defensa, negación y racionalización, actúan de manera conjunta, y paso a paso, hacen que la obsesión y la compulsión tomen mayor dominio sobre la libertad humana. Cada acceso a las escenas pornográficas o cada encuentro sexual ilícito, fortalecerán más la adicción.

Dependencia: La cadena de la dependencia exhibe cada uno de sus eslabones. Primero, la **fantasía** lleva a la persona a las escenas **pornográficas** y estas a su vez alimentarán sus fantasías. Estos dos primeros eslabones, al ser procesos internos, producirán en quien les da entrada el fuerte deseo de materializar la fantasía. Se añade así el eslabón de la **autosatisfacción** (masturbación), que una vez cumplida, despertará en el individuo el deseo de repetir el evento una y otra vez. Esto producirá en él una fuerte **obsesión**, que con cada repetición refuerza la **compulsión**. Después, la persona justificará sus acciones mediante los mecanismos de defensa de **negación** y **racionalización**. Una vez cerrado el ciclo, se puede decir abiertamente que la persona es *dependiente* del objeto de su adicción, para el caso: **la lujuria.**

4. **Busque el apoyo de un mentor**. Esta clase de luchas es mucho mejor que se hagan bajo el cuidado de alguien más. Una persona de toda su confianza, maduro y con el conocimiento suficiente de la Palabra de Dios, como para ofrecerle el consejo de lo Alto. Si su mentor considera pertinente que usted se integre a un grupo de ayuda, considere seriamente el consejo. Busque un grupo de apoyo. Hay iglesias que han creado grupos de apoyo para la liberación de las adicciones, siguiendo procesos con fundamentos sólidos que han probado su efectividad como los doce pasos de los grupos AA (Alcohólicos Anónimos).

5. **Mantenga su relación en el punto de equilibrio.** La relación en la pareja es dinámica no estática. Esto nos lleva a comprender que el punto de equilibrio, en la relación sexual como en otros campos, se mueve dentro del matrimonio, y ambos, marido y mujer, deben permanecer en la constante búsqueda del justo medio entre su lado conservador y las experiencias que se permitan vivir dentro del acto sexual. Las parejas que se niegan a innovar, crear, fantasear y experimentar, están condenando su vida sexual a la rutina. Con esto, añaden muchas posibilidades de que la infidelidad toque a su puerta. En el otro extremo se encuentran las parejas que se permiten **demasiadas experiencias** llegando al extremo de romper los límites de los principios bíblicos. En estos casos, igualmente arriesgan su matrimonio ante la infidelidad. Hay dos referencias bíblicas que nos marcan los límites que jamás se deben traspasar:

> «Sea bendito tu manantial, y *alégrate con la mujer de tu juventud*. Como sierva amada y graciosa gacela, *sus caricias te satisfagan en todo tiempo* y en su amor recréate siempre.» (Proverbios 5:18-19 énfasis mío en cursiva)

> «…que cada uno de vosotros sepa tener su propia esposa en santidad y honor; no en pasión de concupiscencia, como los gentiles que no conocen a Dios.» (1 Tesalonicenses 4:4-5)

Los dos límites que resguardan la relación son: *permitir el recreo de la pasión del amor dentro del matrimonio* por un lado, y por el otro, mesurar las experiencias de dicho recreo bajo el cuidado del **respeto mutuo** al no entregarse a la *pasión* *concupiscente*. Mantenga libre su relación matrimonial de la pasión sin límites. Resguarde a su mujer bajo el cobijo de la *santidad* y el *honor*. Dios confió en usted al entregarle a su esposa bajo su cuidado. Cumpla su función como hombre responsable.

Para la esposa del marido atrapado en las redes de la lujuria hay también, algunas recomendaciones que deberá considerar:

1. **Acepte y comunique aceptación a su marido, no a sus adicciones**. Es muy importante que la esposa no trate al marido atrapado en las redes de la lujuria como un pervertido sexual. Esto no solo avergonzará a su marido, sino que producirá una separación natural entre él y usted. Permita que su marido enfrente su problema de manera personal. Usted, muéstrele respeto. Acusar a su marido con los hijos o con los parientes, solo destruye y no comunica aceptación. Evite exponer a su marido a una herida de la que difícilmente se repondrá.

2. **No sea parte del problema sino de la solución.** No se convierta en cómplice de su marido participando de su debilidad. La tendencia natural del adicto es arrastrar a cuantas personas le rodean a su adicción. Y claro que, por la naturaleza de su adicción, usted se verá en este predicamento. Las dos recomendaciones que hace el apóstol Pablo a su fiel discípulo Timoteo (1 Timoteo 5:22) aplican de manera excelente a este caso: "No participes de pecados ajenos" y "Consérvate puro".

3. **Libere su sensualidad**. La mujer fue diseñada por Dios como un ser especialmente sensual. Su tarea como mujer es liberar en su lecho conyugal todo el poder de su sensualidad. Esto mejorará notablemente la calidad de su relación sexual y ayudará a su marido a encontrar en usted el placer sexual que requiere. No ignore las continuas peticiones que su marido hace sobre su relación íntima, después de todo, hablamos de un *deber conyugal*. Pero no cumpla con su parte porque sea un deber, mejor cumpla dicho deber con placer.

• **Inseguridad individual**

Para el caso de aquellos hombres que de fondo sufren de inseguridad individual que les arrastra hacia la infidelidad, la conquista será siempre interpretada como un **éxito personal**. El infiel, bajo este apartado, no pretende la conquista porque la mujer le agradó a él, sino porque él le agradó a ella. Son hombres ávidos de admiración y reconocimiento a su persona. Cualquier muestra de admiración o halago de cualquier mujer puede atraparlos porque finalmente dichos comentarios alimentan su **ego empobrecido**, lo que hace a estos hombres altamente vulnerables al coqueteo de cualquier mujer que les preste atención.

Esta raíz de infidelidad llevará al hombre a manifestar los más dolorosos actos egoístas hacia su esposa. El infiel que padece en el fondo inseguridad individual, tiene como una prioridad velar por sus propios intereses y luchará hasta encontrar la satisfacción completa a sus deseos.

Lo más relevante en estos casos, es que el infiel jamás logrará satisfacer de manera permanente su necesidad profunda de seguridad. Por el contrario, cada vez que él actúe bajo este impulso, sólo logrará hacer más profunda su necesidad. Cada conquista, solo mitiga *temporalmente* el dolor de la inseguridad. Pero una vez logrado el objetivo, volverá de manera inevitable a experimentar el mismo vacío que le moverá, una vez más, hacia la búsqueda de otra conquista y experimentar así, de nueva cuenta, aquel alivio temporal. Lo peor es que cada vez que este ciclo se repite, el infiel empeora, *porque la conquista futura siempre deberá superar a la anterior.*

Para ilustrar mejor lo antes dicho, piense en aquella persona que tiene el mal hábito de tener cerca el salero cuando come. El primer paso será poner sal al platillo que está por degustar y quizá sin haberlo antes probado. El sujeto comenzará a comer, y a las pocas cucharadas de alimento, el paladar se ajustará a la nueva cantidad de sal. Esto le llevará a poner un poco más de sal para que su paladar logre diferenciarla. Pero este segundo golpe de sal, adormecerá aún más las papilas gustativas, exigiéndole mucha más sal. Así, poco a poco, añadirá más y más sal, ¡hasta terminar por salar cada bocado por separado!

Lo mismo sucede con el limón y el chile que añade a las frutas. Al principio, sí se saborean estos ingredientes, pero al cabo de añadir poco a poco cantidades mayores, las papilas gustativas ya no distinguen su sabor y exigen añadir cantidades mayores del picante y el cítrico. Habrá notado que hay quienes terminan por tomarse la espesa mezcla de limón, sal y chile que resta en la bolsa o plato de fruta, dejando un fuerte ardor en su garganta.

De la misma manera funciona la infidelidad motivada por una raíz de inseguridad. La conquista dará al principio un sabor a gloria, pero después, exigirá una nueva experiencia que mantenga activa la sensación. *Esto llevará al infiel al absurdo de serle infiel también a su amante, y por supuesto, una vez más... a su esposa.*

Pero al igual que sucede con los cítricos o la sal, la nueva conquista deberá ofrecerle mayor intensidad en atractivo y riesgos al incauto. **Considere que cada encuentro hará que usted pierda, poco a poco, su propia esencia e identidad.** De la misma manera que sucede con la mezcla de sal, limón y picante que se añade a las frutas, en sus excesos, *también terminará en sus excesos románticos, por «degustar» las mezclas más confusas de personalidades que suman la cantidad de mujeres con las que, hasta el momento, ha tenido encuentros sexuales.*

La inseguridad debe ser atacada en su misma raíz, no en sus síntomas. Si usted identifica que sus actos de infidelidad se asocian a la inseguridad, considere lo siguiente:

1. **La raíz principal de la inseguridad se encuentra en un concepto equivocado de sí mismo.** La opinión que los demás tienen de usted no solucionará el problema, porque la base de su inseguridad está en la opinión que usted tiene de sí mismo, no de la opinión que los demás tengan de usted. Su primera línea de acción deberá dirigirse hacia la plena identificación de la opinión que tenga de sí mismo. En gran medida su conducta sexual podría ser el resultado de esto.

2. **Una confusión entre el ser y el hacer.** Las personas que batallan con un autoconcepto equivocado, por lo general, son hijos de padres que no pudieron hacer la diferencia básica entre el *ser* y el *hacer*. Para sus padres, el ser se definía por el hacer. Por lo mismo, los recuerdos que estos padres dejan en sus hijos les acompañan el resto de su existencia, y definen su manera de comportarse. Son personas que provienen de

hogares en los que los padres comentaban de manera recurrente, cosas como:

- "Si no haces lo que yo te digo ya no te voy a querer".
- "Reprobaste el examen… ¡Eres un burro!".
- "Deberías de ser como tu hermano, él si puede… no como tú".

La confusión contenida en ideas como las anteriores está en que al niño se le siembra la idea de que *el amor se gana con las acciones que agradan a sus padres, y que no es amado simplemente por lo que él es, un hijo de familia.* Dichos comentarios someten al niño a la presión de competir y luchar por hacer ciertas cosas para ser digno de ser amado. Estas **mentiras** crean una imagen equivocada del ser humano y sus acciones. Fuerzan a la persona a buscar con ansiedad el sentirse amado y aceptado. Si *tus acciones te convierten en lo que eres*, la conclusión es: "Debo ganar la competencia, para **ser** exitoso". A la par, lo contrario también aplica: "Si no logras ganar, **eres** un fracaso". Analice la mezcla confusa que el hijo escucha: "**Eres** (del ser) un burro, por **reprobar** (del hacer) el examen. "Deberías **ser** (del ser) como tu hermano, él sí **pudo** (del hacer)".

Con frases como las anteriores, los padres someten a sus hijos a competir por el amor, generando en ellos mucha inseguridad sobre la esencia misma de su ser. Si en este punto unimos la conducta infiel por inseguridad, usted (hombre infiel) notará que la nueva conquista que llega a su vida, está llenando un espacio en su estructura mental. En la definición que tiene de sí mismo, la conquista se podrá traducir como un logro individual. El impulso inconsciente será: "Si logro esta nueva conquista, seré mejor persona". Concepto a todas luces equivocado.

3. **Formar una nueva definición de sí mismo.** A pesar de que no se trata de nada auténticamente nuevo, para usted podría sonar nuevo. *Se trata de aprender a amar a los nuestros por lo que son, no por lo que hacen.* Dios es experto en esto. ¿Puede imaginar lo que sería para nosotros si Dios nos amara por lo que hacemos? ¡Por fortuna no es así! A pesar de que muchas agrupaciones alrededor del mundo sometan a sus fieles a esta filosofía de vida equivocada, Dios no nos

ama por lo que hacemos, sino por lo que somos: **seres creados a su imagen**.

La filosofía equivocada de ganarse el amor de Dios proviene de la misma raíz familiar de luchar por ganarse el amor. Esta manera de pensar no es nueva. En el tiempo de Cristo, existía toda una estructura religiosa basada en esta mentira, se trataba de los *fariseos*. Hombres que se creían *merecedores* del amor de Dios por sus múltiples "actos de justicia", como muestra aquel relato del propio Jesús sobre el fariseo que se presenta en el templo a orar y junto a él oraba un *publicano*. Estos hombres, por cobrar los impuestos al pueblo de Israel eran considerados traidores y pecadores, porque eran juzgados precisamente por sus acciones. El fariseo, puesto en pie, oraba consigo mismo -porque claro que Dios no lo escuchaba- y decía:

> «Dios, te doy gracias porque no *soy* como los demás hombres; ladrones, injustos, adúlteros, ni aún como este publicano.» (Lucas 18:11 *cursivas mías*)

Habrá notado la lista de acciones o logros que este hombre presenta ante Dios (verso 12). Es una lista que según él, le hace merecedor del amor de Dios y que le define lo que él *es en su esencia*. Por otra parte, cuando oraba el publicano, el relato dice que ni siquiera se atrevía a levantar la vista al cielo, sino que de lejos, con el rostro hacia abajo se golpeaba el pecho y decía:

> «Dios, sé propicio a mí, pecador.» (Lucas 18:13)

En este segundo caso, el hombre no se consideraba a sí mismo merecedor del amor de Dios *precisamente por sus acciones*. **Pide que sea Dios y sus acciones** que le den la justicia que necesita. El veredicto de Cristo fue simple:

> «Os digo que éste descendió a su casa justificado antes que el otro...» (Lucas 18:14)

Entonces la *nueva* y correcta manera de definirnos a nosotros mismos deberá ser a través de la misma manera en la que Dios nos ve. No a través de nuestros logros o éxitos. Esto nos lleva al entendimiento de que es Dios y sus acciones lo que verdaderamente pueden perdonar nuestros pecados y ofrecernos, a través de su perdón, un nuevo propósito y estructura a nuestra existencia.

Para la esposa del marido que ha sido infiel por inseguridad individual, las recomendaciones son las siguientes:

1. **Reflejar el perdón de la manera en la que Dios lo hace.** Una tarea nada fácil para la esposa que ha decidido perdonar a su marido infiel. No obstante, de igual manera en la que usted ha recibido el amor de Dios reflejado en su perdón, hágalo así con su esposo.

2. **Haga sentir el perdón a través del amor.** Que su esposo se sienta amado y perdonado es su tarea para cada día. Nada de reclamos ni quejas. No le tenga guardado al marido *su mala acción* para cobrarle después la factura. No someta a su marido a *hacer algo* para ganarse su perdón. En tal caso ya no es perdón sino negociación o intercambio. Con esto, sólo reforzará el concepto equivocado de su esposo de luchar por *ganarse el amor.*

3. **Acompañe a su esposo en su proceso individual.** Jamás olvide que usted no es la causante del problema de inseguridad en su marido. Él necesita identificar las causas que le están llevando a generar este conflicto interno, y será la tarea individual de su marido, lidiar con su proceso. Lo que a usted le toca como compañera, se explica en dos simples acciones: no añadir a su marido nuevos tropiezos que le compliquen la superación de su conflicto, y fortalecer con actitudes de respeto sus avances.

• Autoafirmación masculina

Una última razón que le quiero presentar y que resulta muy habitual para consumar un acto de infidelidad, es la confirmación de la propia masculinidad. Esta razón de infidelidad se asocia a la del hombre que padece inseguridad, pero no necesariamente hablamos de lo mismo. En la sintomatología, la autoafirmación masculina es muy similar a la infidelidad por inseguridad, pero en cuanto a su etiología, tiene una raíz muy particular que vale la pena entender. *El infiel por autoafirmación masculina es hijo de un padre que no supo confirmar la masculinidad del niño.* Un padre que no otorgó los elementos básicos de identidad, que no dedicó tiempo suficiente a su hijo. Es un hombre atrapado en la misma trampa de la necesidad de autoafirmación. Un eslabón más en la cadena de hombres que crecieron con un vacío crónico respecto a la relación paterna.

Si analizamos la estructura mental del sujeto con esta clase de conflicto interno, será más fácil identificarlo desde los síntomas expuestos que exhibe su estilo de vida. Por lo regular son hombres que de manera continua necesitan escuchar que hacen bien las cosas. Siempre están tratando de encontrar **la aprobación** de las personas que le rodean. Esto termina tarde o temprano por convertirlo en un sujeto demandante, ávido del reconocimiento, atenciones y cuidados de los demás hacia él. Técnicamente tan «oral» como un bebé. Vive bajo una constante búsqueda de algo que no sabe identificar plenamente, pero que él siente que le hace falta y que lo lleva a invertir su tiempo y su mente en conseguirlo. Un sujeto en la búsqueda de la aprobación de las personas que le rodean puede experimentar estados muy intensos de ansiedad.

Las respuestas a muchas de las preguntas del hombre que padece de la necesidad de autoafirmación masculina se encuentran en el vacío existencial que experimenta. Una de las principales funciones que el padre tiene con sus hijos, particularmente con su hijo varón, es establecer las bases para una correcta **identidad**. Sólo para unificar criterios sobre lo que envuelve el término, le diré que la identidad de un individuo nos habla principalmente del autoconcepto que el sujeto tiene de sí, producto de todo aquel cúmulo de creencias que la persona ha cosechado a lo largo de su vida, particularmente durante la primera infancia. Esto se verá reflejado en diferentes indicativos. Solo por citar algunos: su lugar en un sistema familiar y social, su valor como persona, las funciones que desempeña, la habilidad que exhibe en sus capacidades y destrezas, etc. La identidad de cada persona nos expone la misma esencia de su ser.

En esta coyuntura es en la que el padre de familia juega su papel protagonista. La figura paterna, por identificación de género, es quien modela todas las funciones típicas esperadas para el varón. Por lo mismo, el **tiempo** que el padre dedica a su hijo será fundamental para el sano desarrollo de su estructura psicológica. Cuando el padre de familia abre un espacio en su agenda para dedicarlo a su hijo, ya sea para asistir a un partido de futbol del equipo al que su hijo pertenece, para presenciar la obra de teatro en la que su hijo tiene apenas la participación de un diálogo de dos minutos, dedicarle una tarde para enseñarle a andar en bicicleta, llevarlo al médico cuando enferma o habitualmente regalarle su tiempo a su hijo para celebrar su cumpleaños como padre e hijo solos, etc., le transmite de golpe a su hijo muchas cosas valiosas. Por ejemplo que su padre está pensando en él, que su hijo es más importante y valioso que los compromisos que el padre tenga, que de hecho, el hijo es un compromiso importante para su padre. Con acciones como las anteriores, el padre ubica a su hijo en el punto de equilibrio entre dos extremos: *el amor propio y el amor a las demás personas.*

El amor propio se fortalece cuando el padre dedica tiempo a su hijo porque le comunica que el niño es digno de ser amado sólo por ser quién es. Cuando dedica tiempo a otras personas le indica a su hijo que las otras personas u ocupaciones tendrán otro lugar también importante.

El segundo elemento fundamental para esta etapa es la *aprobación*. Una mirada de aprobación, una palmada en la espalda acompañada de una sonrisa que expresa satisfacción por su desempeño, palabras positivas que le comunican al hijo que el padre está orgulloso por quién es y en lo que se está convirtiendo, etc.., en su conjunto, fortalecen su capacidad y establecen su identidad como persona. *Si el padre de familia aprueba al hijo, este, se aprobará a sí mismo* y en la misma esencia de su ser, su dignidad quedará establecida. De lo contrario, vivirá insatisfecho e inseguro y en la constante búsqueda de la aprobación de los demás.

Un padre de familia que supo otorgar los elementos de identidad en el **niño** a través del tiempo que le dedicaba y la aprobación que le manifestaba, deja establecidos los cimientos para que el **hombre** pueda construir su propia identidad, y logre llevar una vida funcional en sus papeles de padre y esposo. En caso contrario, el vacío que deja una relación deficiente del hombre con su padre se anida en su autoconcepto y produce en él un conflicto existencial manifiesto, precisamente, en sus funciones de esposo y padre:

- En cuanto a su **función paterna** el hombre permanecerá tan ocupado en buscar la satisfacción a ese vacío existencial, que se sumergirá en el deporte, en su trabajo, en su grupo social, etc., al extremo de no tener tiempo suficiente para dedicar a su hijo. Por cierto, lo mismo que le hizo a él su propio padre, haciendo perpetua la cadena generacional de ausencia paterna.

- En cuanto a su **función como esposo**, el hombre que permanece en la constante búsqueda de autoafirmación masculina deja un vacío en su relación matrimonial que dañará no solo a la esposa, sino que terminará por dañarle a sí mismo haciéndose cada vez más vulnerable a cometer un acto de infidelidad.

Por todo lo anterior comienzo por darle a usted, la esposa del hombre infiel por un autoconcepto equivocado, dos recomendaciones:

1. **No trate de llenar ese vacío.** Si este es el caso de su marido, deberá asimilar lo que implica ser la esposa de un hombre con una fuerte necesidad de aprobación. Comprenda que haga lo que haga usted no logrará satisfacer esa necesidad. En este caso la infidelidad, desde el punto de vista del infiel, no se conecta necesariamente a la mujer con la que él se esté enredando, sino con usted. Tiene que ver con el concepto equivocado que su esposo tiene sobre usted, y su "indisposición" a llenar aquel vacío que le hace vivir inconforme. Por lo mismo, si usted se propone llenar ese espacio, sería equiparable a tratar de quitar la sed de su marido, *tomando usted el agua*.

2. **Trabaje en su propia vida espiritual.** Es indispensable que la compañera de un hombre que padece de un vacío de esta naturaleza tenga satisfecha su vida espiritual. **La razón de esto es simple, la solución real de un problema existencial está en la trascendencia.** Una persona jamás logrará llenar un vacío existencial desde los límites que le produce su propia finitud. Sería como pedirle a un auto que decidiera su propio destino. Un vehículo necesita de un *ser pensante* y con *voluntad propia* que determine su destino, a pesar de que el automóvil cuente con el poder de trasladarse de un lugar a otro. De la misma manera, el ser humano creado, requiere de la orientación de un ser trascendente, creador, que le ofrezca una visión que le dé rumbo a su existencia.

Es muy típico que un hombre con un problema existencial arrastre a las personas con las que convive hacia el mismo vacío existencial. Por esto es apremiante que usted trabaje en su propia vida espiritual para que esto no le suceda. Alimente su vida espiritual por medio de la lectura de la Biblia, la oración continua y la asistencia a alguna iglesia en la que le fomenten el contacto con Dios y su Palabra, y le ayuden a crecer en su vida espiritual.

Para el hombre, las recomendaciones van dirigidas en dos sentidos relacionales. Primero, en una *línea vertical* que indica su relación con Dios. Y en segundo lugar, en una *línea horizontal* que indica su relación con las demás personas. Para el caso, la primera persona en este segundo sentido será su esposa. Le tengo tres simples pasos:

1. **Adopte a Dios como su padre**. La cura real del vacío existencial está en una *figura superior* al ser que sufre dicha carencia. De hecho, como antes explicaba, el inicio de esta clase de problema se encuentra en la relación malograda entre el hijo varón que esperaba ser confirmado y guiado por su padre, y el padre que por alguna razón no ofreció a su hijo la aprobación que éste necesitaba. Tal niño cuando crece, por aquel faltante en su desarrollo, se convertirá en un hombre con un vacío existencial. El problema para resolver en el presente, se concentra en la necesidad que aquel hombre tiene de un **Ser superior** que pueda confirmarlo, aprobarlo y guiarlo. Bajo estas circunstancias… ¿A quién podría contemplar aquel hombre como su "Ser superior" que pudiera otorgarle confirmación y aprobación? La solución a este dilema, sólo podrá encontrarla en Dios.

   Lo más revelador en este aspecto es que Dios está buscando tener una relación **Padre-Hijo** con usted. Porque Él ama a sus criaturas y por eso *vino a buscar y salvar lo que se había perdido*. Hoy la invitación es abierta a todo aquél que cree:

   > «Más a todos los que le recibieron, a los que creen en su nombre, les dio la potestad de ser hechos hijos de Dios…» (Juan 1:12)

   Por lo tanto, para obtener una auténtica cura a su problema existencial requerirá primero una reconexión **en su relación vertical,** usted y Dios, porque nadie más podrá funcionar como su Ser superior. Posteriormente, será Dios quién seguramente le ofrecerá la aprobación que usted tanto necesita.

2. **Modifique su relación horizontal**. Cuando el ser humano ha puesto un remedio a su relación vertical *Dios-Hombre* tiene la posibilidad real de modificar todas las relaciones que tenga en su línea horizontal. Porque es ésta, la relación vertical, la que le dictará las reglas del juego para poder restablecer sus líneas horizontales. Un ejemplo simple de lo anterior, sucede cuando un hombre que ama a Dios y sus leyes respeta a su esposa y le es fiel, por la simple razón de que Dios le indica en sus ordenanzas: «No cometerás adulterio.» (Éxodo 20:14). Si el hombre con una relación vertical **se alinea** con las indicaciones que vienen de lo alto, podrá vivir en plenitud en cada una de las líneas que componen su vida. Lo anterior demuestra que la línea vertical incide en las diferentes líneas horizontales.

En otra línea horizontal, digamos con sus padres, de la misma ley leerá: «Honra a tu padre y a tu madre…» (Éxodo 20:12). Este sujeto en obediencia a Dios, simplemente honrará a sus padres, sea cual fuera la conducta de ellos hacia él.

En una línea horizontal más, pensemos en sus amigos. El hombre con una sana relación vertical escuchará de la ley: «No hablarás contra tu prójimo falso testimonio.» (Éxodo 20:16). La persona con esta filosofía de vida se desenvolverá ante su círculo social sin mentiras. Hago particular énfasis en el asunto de que **solo por amor** a Dios, en su línea vertical, este individuo desechará las mentiras hacia todas aquellas personas con las que se rodea.

Si hacemos un resumen hasta aquí, la persona que tiene una relación vertical funcional, *es fiel a Dios y a sus leyes, honra la palabra de Dios y procura una relación honesta con Él*. Estos tres vectores pueden convertirlo en un hombre *fiel a su esposa, que honra a sus padres y que habla con la verdad a sus amigos*. Notará que las tres líneas horizontales, esposa, padres y amigos, estarán resguardadas por los principios dictados desde la relación vertical *Dios-hombre*. Es así como la relación vertical influye en la relación horizontal, modificándola.

3. **Deje la fantasía y vuelva a la realidad**. El hombre que padece de esta clase de «mal», pensando en el infiel por un autoconcepto equivocado, deberá comprender que no existe la mujer que vaya a lograr llenar

todas sus expectativas, simplemente porque sus expectativas están equivocadas. Comience por admitir que ha vivido tras de un sueño. No es su entorno, es usted quién desea demostrarse algo así mismo. Debe entender y aceptar que la insatisfacción que experimenta no es producto de la conducta de su esposa, sino del vacío que su padre no supo llenar en usted cuando era un niño. Comprender esta «simple verdad» le permitirá identificar la punta de la madeja, que a su vez le ofrecerá una amplia y clara salida a su laberinto.

Por otro lado, el fracaso en asimilar esta verdad le hará vivir tras de un sueño. Una fantasía. Y como antes decía, cuando el hombre alimenta su fantasía, le resultará cada vez más difícil vivir en la realidad. Con esta actitud, usted mismo está alejándose más y más de su esposa, quién le representa justamente su realidad.

En resumen:

Como hemos podido analizar, las razones del infiel podrían provenir de las raíces más insospechadas, como pueden ser: *Por un patrón familiar, una oportunidad, por un deseo constante de venganza, una visión equivocada de la mujer, por lujuria, por inseguridad individual o por la necesidad de autoafirmación masculina.* De ninguna manera esta lista pretende ser exhaustiva, solo se trata de una *sencilla* muestra de las razones que pueden ocultarse detrás de un acto de infidelidad.

Para que pueda efectuarse de manera adecuada el segundo paso en el proceso del perdón, la esposa fiel deberá comprender que una o más de las razones anteriores, o incluso, la suma de todas, podrían haber sido el factor desencadenante de la infidelidad de su marido. Como quiera que sea, tanto el infiel como su cónyuge deberán conocer y asimilar las raíces de la infidelidad para que puedan ser mucho más asertivos en el trabajo que les resta por hacer.

En esta coyuntura haremos un breve repaso de los dos primeros pasos básicos del perdón antes expuestos. **Primero**, entendimos que perdonar es un *proceso* en el que ambas partes, agredido y agresor, aceptan cada uno la propia responsabilidad ante un mismo evento. **Segundo**, el agresor se confronta con sus malas acciones y la parte agraviada busca *comprender las razones de* *fondo* que llevaron a su agresor a actuar de tal modo. Comprender las razones del infiel, facilitará en gran medida el proceso natural del perdón en sus dos sentidos: *A la parte fiel le ayudará a entender que las acciones de su agresor no fueron un asunto personal. Y a la parte agresora le ayudará a clarificar su corazón respecto a las raíces que alimentaron sus acciones equivocadas.*

Efectuar estos dos primeros pasos facilitará la aceptación completa de la propia responsabilidad ante el evento y sus raíces, pero también allanará el camino para la llegada del último paso que exige el perdón:

Tercero: Finalmente la parte agraviada paga un precio al liberar al agresor de su responsabilidad por tal acción y el agresor asume su responsabilidad de restituir el daño.

Ante un agravio como la infidelidad hay un precio por pagar que sólo puede ser cubierto por la parte fiel. Crea y acepte que su marido infiel no podrá, por más que lo intente, devolverle lo que le ha sido arrebatado. Si usted, la parte que ha sido agraviada, busca cobrar dicha «factura», no solo añadirá gran cantidad de frustración a su vida, sino que además pondrá en riesgo de una ruptura definitiva su relación matrimonial.

Si ha llegado hasta aquí significa que usted ha asumido su propia responsabilidad ante este doloroso evento y ha comprendido que su agresor tuvo razones de fondo para haber actuado de esta manera. Ahora, concluya su proceso personal efectuando su último paso: **la declaratoria del perdón al liberar del pago de la deuda a su agresor**.

Renuncie a imponer una serie de condiciones a su esposo para otorgarle una vez más el voto de confianza. *No habrá nada que su marido pueda hacer para que usted recupere dicha confianza.* Otorgar el voto de confianza perdido, es cuestión de una decisión exclusivamente suya. Libérese del rencor declarando el perdón.

Usted no puede hacer nada para garantizar la fidelidad de su marido. Ser fiel, es decisión y responsabilidad de él. A usted le toca dar de nueva cuenta el voto de confianza y tomar el riesgo, que hoy por hoy, sabe que existe. Eso es la clase de liberación que ahora usted otorga a su marido infiel. El riesgo a ser lastimada nuevamente es inevitable. Sólo le resta establecer un límite que le explico de la siguiente manera:

Un extintor:

Después de haber efectuado su tercer paso al declarar el perdón y otorgar a su marido infiel nuevamente el voto de confianza, ponga límites claros. Es a esto a lo que llamo "el extintor". Me refiero a una plática posterior al proceso del perdón que pueda dejar en claro que usted, no toleraría una infidelidad más y que si llegara a suceder, usted utilizaría su «extintor» que en el cristal que lo resguarda dice: "Rómpase en caso de Adulterio." Lo que arroja dicho extintor para apagar el incendio, *es una demanda de divorcio*. Una nota indispensable al respecto es que una vez que usted ha establecido el límite, no deberá vivir los siguientes días recordándole o amenazando con la existencia de esta posibilidad. Solo deberá **actuar** de llegar a ser necesario. Esta sencilla tarea podría ofrecer mucho descanso a la parte fiel.

Por su parte el marido que ha recibido el voto de confianza, en este último tramo del camino del perdón, se deberá concentrar en restituir el daño. Para comenzar con esta tarea, identifique que nada puede hacer para cambiar una letra del pasado, ni por "pagar" los agravios cometidos con su error. De hecho, su esposa es la que ha pagado el precio por los daños que usted le hizo, muestra de esto, es haber otorgado el perdón. Cuando el marido que ha lastimado a su esposa con un acto de infidelidad busca la restitución, deberá darse a la tarea de generar un cambio de conductas que demuestren su arrepentimiento. Y los esfuerzos deberán primeramente concentrarse en cuidar el voto de confianza que le han otorgado, pero además, las areas de trabajo deberán extenderse hacia una serie de cambios que la pareja necesita hacer con respecto a los otros problemas que hasta el momento les han afectado la vida matrimonial.

Problemas operativos y problemas estructurales

Termino esta sección explicando las dos grandes vertientes de problemas que un matrimonio en conflicto puede llegar a afrontar. El tema es conveniente de asimilar para comprender mejor el penoso proceso de reconstrucción de la relación al que una pareja se somete cuando casi finaliza esa larga travesía *de la pasión a la razón*. Y que da inicio precisamente cuando se ha decidido dar otra oportunidad.

"La mitad del problema se resuelve, cuando logramos entenderlo", afirma la sabiduría popular China. La comprensión cabal del problema que la pareja enfrenta, es un elemento fundamental para lograr la estabilidad deseada. Cada caso de **matrimonios en conflicto** que recibo en mi consulta lo analizo bajo dos grandes líneas de diferenciación de problemas: *operativos* o *estructurales*.

Permítame explicar el procedimiento al que someto la entrevista que me puede llevar a concluir de qué clase de problemas estamos hablando. Inicio la sesión de pareja en conflicto, haciendo que ambos se comprometan a cumplir un pacto de honestidad y respeto. Con esto, pretendo abrir la posibilidad de que uno y otro puedan escuchar y asimilar con paciencia las quejas y reclamos que tengan que hacerse mutuamente.

Después de lograr el compromiso de los dos, mi pregunta inicial es: *¿cuáles son las tres quejas más importantes que tienen de su cónyuge?* La pregunta va dirigida a ambos, y por turno, escucho detenidamente sus respuestas tomando nota y clasificando sus respuestas bajo una de estas dos líneas de problemas: **operativos o estructurales**.

Las múltiples respuestas son desplegadas bajo un caudal de emociones, y es aquí en dónde inicia el proceso de análisis del problema. Es importante decir que en este paso, es muy fácil dejarse envolver por el **dolor** del que se queja, o por el **enojo** del que escucha la queja. El reto para mí, es no perder objetividad.

La primera clase de problemas que la pareja enfrenta se puede agrupar en el apartado de: *Problemas operativos*. Éstos, como su nombre lo dice, aluden a los problemas cotidianos que nos describen el ejercicio diario que hace que la relación se vuelva disfuncional. En cualquier relación interpersonal, del tipo que esta sea, amistad, noviazgo, matrimonio, trabajo, sociedad económica o deportiva, etc., el trato diario acarrea cierta fricción. Mucho más si a dicha relación le añadimos una buena carga emocional como es el caso de un matrimonio. Sólo por citar algunos cuantos problemas operativos típicos que las mujeres refieren de sus maridos:

- ✓ No me dedicas tiempo…
- ✓ Ya ni me tocas…
- ✓ No me apoyas con los niños…
- ✓ Te la pasas en tu trabajo…

✓ Ya no me dices que me amas…
✓ Solo te importa tu TV…
✓ No me platicas de tu día…
✓ Me cambias por tus amigos…
✓ Dejas todo tirado en la casa…
✓ No te importan tus hijos…

Algunos de los problemas operativos expresados en las quejas de los hombres hacia las mujeres son:

✓ No tenemos relaciones sexuales…
✓ Te la pasas con tus padres…
✓ Todo el tiempo te quejas…
✓ Nada de lo que hago te agrada…
✓ Ya no me respetas…
✓ No me das espacio para respirar…
✓ Estas celosa de mis amistades…
✓ Todo lo que hago, lo repruebas…
✓ No te puedes quedar callada…
✓ Me dejas en ridículo con mis hijos…

Las listas se podrían volver interminables. Lo único que pretendo es que usted pueda diferenciar esta clase de problemas que seguramente también ha experimentado con su cónyuge. Como podrá notar, se trata de la vida cotidiana. Pero si sumamos cada vez más problemas operativos se podría llegar a pensar que la única solución será el divorcio. La suma de los problemas operativos es lo que hace pensar que el caso se vuelve cada vez menos posible de solucionar. El absurdo de la conclusión de que el divorcio es la única salida a la suma de problemas operativos, está *en que el divorcio es un cambio estructural y no operativo.* Los problemas estructurales aluden precisamente a la **estructura** de la relación.

Para dejar más en claro lo que acabo de decir, permítame ofrecer una pequeña lista de problemas estructurales.

✓ **Jerarquía**: Es la distorsión o ambigüedad del manejo del mando y autoridad en el hogar. Este problema puede deberse a la "comodidad" de alguna de las figuras parentales que ha entrado, o permanece en su zona de confort.

✓ **Ausencia**: Es la falta de alguna de las figuras parentales. En nuestro país la inmigración ha producido muchos problemas de ausencia paterna, lo que nos lleva a entender lo común que llega a ser este problema estructural.

✓ **Disciplina**: De fondo, la aplicación de la disciplina nos habla de un problema estructural. A pesar de que en su forma se manifestará en una serie de problemas operativos.

✓ **Creencias**: En toda la extensión de la palabra las cuestiones de la fe, son un problema puramente estructural. Los padres no podrán guiar espiritualmente a sus hijos cuando profesan diferentes credos.

✓ **Muertes**: Las pérdidas de los seres queridos transforman toda la estructura de un sistema familiar. El manejo del duelo causado por la muerte de algún pariente, siempre pone a prueba su estructura.

✓ **El divorcio**. El divorcio es un cambio radical en la *estructura* de un sistema familiar. Los cambios a los que se somete el sistema familiar afectará a cada miembro de la familia.

Siempre los problemas estructurales serán mucho más complejos que los operativos. De hecho, los problemas estructurales producen una nueva carga de problemas operativos. Por el momento, volvamos al caso de una pareja en conflicto. Después de escuchar y clasificar las quejas de ambos mi segunda intervención va dirigida a **comprender las acciones** que la pareja ha instrumentado para arreglar el problema que les aflige. Por cierto, muchas veces el problema por resolver en terapia, no es el problema en sí mismo sino las múltiples maneras que la pareja ha implementado hasta el momento para resolver el asunto que les produce tanta ansiedad. "Soluciones" que hasta el momento han terminado por complicar más que solucionar las cosas entre ambos. Las preguntas para comprender las acciones del "quejoso" ante su problema, son de este estilo: *hasta ahora... ¿qué ha intentado hacer para remediar su problema?*

Ante las múltiples respuestas que la persona expone, puedo encontrar que en efecto, son las *soluciones* que ambos han aplicado, el problema operativo que ahora debo ayudarles a resolver.

Como al principio decía, la suma de los problemas operativos hace pensar a las parejas que la única salida es un cambio de estructura, el divorcio. Cuando alguno de los consortes piensa de esta manera, bloqueará su capacidad y disposición a la reconciliación, y se dispondrá entonces a vigilar con lupa todas las acciones de su cónyuge con el único propósito de recolectar *nuevas razones* para justificar su determinación al divorcio. La persona que actúa de esta manera, añade un problema mayor al ignorar que el divorcio es, en sí mismo, un problema estructural. Y que la supuesta solución se volverá el nuevo problema por resolver. Lo anterior, hace del remedio la nueva enfermedad.

Es verdad que bajo la suma de problemas operativos, el divorcio parecería ser un remedio definitivo a la sobrecarga de la que se es víctima, pero esta decisión no ofrece una solución genuina al problema, sino una puerta de escape del mismo. La promesa de "descanso" que ofrece el divorcio, es sólo una solución temporal a un problema de fondo. *¿No ha escuchado que el divorcio y nuevo matrimonio se convierte en el mismo infierno pero con diferente diablo?* **No confunda entonces un descanso inmediato con una solución auténtica.**

Los problemas posteriores a un divorcio, son mucho más agudos que la misma suma de problemas operativos que vivía una pareja antes de tomar esta alternativa. El problema estructural del divorcio, además de lo intenso que es, traerá consigo otra serie de problemas operativos como son: *el incumplimiento del convenio de divorcio, el reparto injusto de los tiempos y las responsabilidades con los hijos, los rencores de todo el proceso de divorcio -mucho más si éste fue contencioso-, los intentos por rehacer sus vidas y la manera en la que habrán de manejarlo con sus hijos, la manipulación y el chantaje que alguno de los dos hará sobre el otro utilizando a sus mismos hijos como carne de cañón, etc.*

Por si lo anterior fuera poco, habría que analizar las raíces de los patrones familiares que permanecieron activos en la relación matrimonial anterior, que es precisamente lo que lleva a la nueva pareja a repetir el fenómeno de la suma de los problemas operativos, en esta nueva relación.

La conclusión de todo lo anterior es muy simple. *Cuando las personas tratan de resolver sus conflictos familiares sin comprenderlos cabalmente y bajo las motivaciones equivocadas, pueden terminar por complicarse mucho más la existencia.* Permítame ilustrar con la siguiente historia, la manera en la que los problemas operativos y estructurales cohabitan en un sistema familiar complicándolo. Hace doce años, considerando que la fecha en la que escribo este libro es el año 2012 nos remitimos al año 2000, recibo el caso de un matrimonio con un serio problema estructural al que se le habían sumado una serie de problemas operativos. Después de un profundo análisis del caso explico a la pareja que tienen de fondo un problema de **jerarquía** en su estructura familiar. El hombre estaba disminuido por el matriarcado de la mujer, quién, efectivamente había demostrado muchas más habilidades que su marido para los negocios. De hecho, en los últimos años ella había emprendido una serie de negocios con éxito incuestionable. Esto había llevado a ensombrecer aún más las capacidades productivas de su marido.

Se trataba de una familia compuesta por cinco integrantes: los padres y tres hijos varones. Ya que para entonces el mayor tenía quince años, recomendé a la mujer **un cambio estructural**. En privado hablé con la mujer explicando que su matriarcado era lo que estaba poniendo en riesgo de ruptura su relación familiar. De inmediato me explicó que en un principio se "morían de hambre", porque se trataba de un hombre muy pasivo. Fue precisamente esa pasividad la que "le obligó" a tomar el control de la familia. Aquí fue donde intervine:

—No se trata directamente del dinero sino del control familiar que otorga el poder económico. Con frecuencia la matriarca es la que toma el poder de las decisiones económicas, después de todo, es ella la que gana el dinero. Pero después, le siguen los permisos, las decisiones, las opiniones influyentes y todo lo que suponga un **coto de poder**.

Porque la matriarca aplica la regla de oro a su manera, es decir: "Quien tiene el oro, pone las reglas". Los hijos comprenden quién manda en casa y se someten a su autoridad. Lo que sucede es que el padre de familia, por comodidad, cede paulatinamente sus áreas de poder juntamente con las responsabilidades de hacerse cargo de ciertos gastos de la casa que él no ha querido, o no ha logrado cubrir. Después, tiene pena de opinar siquiera sobre asuntos de los hijos. Pero poco a poco pierde la *pena* de ser mantenido por la mujer, y termina por aceptar el lugar que el sistema matriarcal le otorga. Como habrá observado, el marido termina por ocupar el tercer escaño en la jerarquía de poder, porque normalmente, el segundo lugar es concedido al hijo predilecto de la matriarca. Es este avance sutil del control materno lo que lleva a los sistemas matriarcales a esta clase de problemas.

—Pero… ¿por dónde debería comenzar a cambiar mi estructura si quisiera hacerlo? —preguntaba cautelosa la mujer habiendo captado la idea.

—Soltando el poder —contesté yo—. Por lo que he podido observar sé que ha sido atrapada en la seducción del poder. Tener todo bajo control le ha dado descanso, pero esto hace que la figura paterna entre a su zona de confort. Con esto no quiero decir que sea usted la culpable de lo que pasa en su familia. Su marido también, poco a poco, ha tomado el papel que le toca en su sistema matriarcal. Con palabras más sencillas le explico su papel en casa: Usted debería «navegar» cada día con una bandera que lleve escrito aquel dicho popular que dice: "Es mejor echar a andar al burro, que cargar la leña".

Su siguiente pregunta nos permitió pensar en las consecuencias futuras que su sistema produciría en caso de no intervenir a tiempo:

—Comprendo el problema y sé que es así. Pero, si no se hicieran los cambios en la jerarquía… ¿Qué sucedería?

—Con base en la experiencia acumulada al trabajar antes con otros sistemas matriarcales, puedo deducir algunas consecuencias lógicas que podría esperar. Debo comenzar por prevenirle que se encuentra contra reloj para hacer los cambios estructurales. Lo digo por la edad de su hijo mayor de quince años. Considero que los próximos tres años serán claves para hacer los cambios necesarios y poder dejar así en la mente de este muchacho un concepto sano de la paternidad de su padre. Pero si no se hacen los cambios a tiempo a su estructura familiar, se puede considerar la posibilidad de que las tres funciones relacionales que desempeña en su hogar, se vean afectadas. Su primera función, que de hecho ya está evidenciando daños, es **la que le conecta con su marido**. Él ya ha entrado en su *zona de confort,* lo que seguramente resultará en que cada vez más, él soltará las responsabilidades que usted de inmediato asumirá como propias. Le prevengo que terminará «cargando a su marido» sobre sus espaldas. Esto, al final producirá en usted el típico agotamiento de la relación, deseando cada vez más alejarlo de su vida, pensando primero en la separación y acercándose cada vez más a la posibilidad del divorcio.

La segunda función que normalmente genera problemas en los sistemas matriarcales **se concentra en sus hijos**. Por identidad de género, ellos repetirán el mismo patrón que su padre. Quizá llegue el día en el que usted terminará cargando no solo a su marido, sino también a sus tres hijos. Porque si ellos perciben que usted es una «súper mamá», término que por ahora podría parecerle atractivo, considere que llegará el momento en el que aquel «compromiso adquirido», le va a *caer encima*, y sucederá justo cuando sus hijos se conviertan en padres solteros y le añadan nuevas responsabilidades que seguramente usted tomará. Dicho de una manera simple, podría terminar manteniendo hasta a sus nietos.

Pero esto no termina aquí, sumando los daños en sus dos funciones anteriores, surgirán los estragos en su tercera función, se trata de usted en **su papel de mujer**. Cuando las múltiples responsabilidades que las "delicias" del poder traen consigo, le lleven a sumar por completo el papel de padre a su actual papel de madre. Poco a poco se transformará en una mujer dura, fuerte, fría, racional, práctica… «masculina.» Porque "traer los pantalones" en la casa no siempre es una metáfora. Debe saber que sus hijos la van a admirar por sus capacidades masculinas, no por las femeninas, obligándole a no renunciar a su papel de papá. Pero no cultivar la función para la que está diseñada, ocasionará consecuencias a su misma función materna. Notará que no existen las matriarcas tiernas y cariñosas. Hasta la frase nos habla de un contrasentido. Esto generará profundos resentimientos hacia quien debería trabajar a su lado hombro a hombro: su marido. Tendrá así una segunda razón que refuerce el deseo de una ruptura matrimonial definitiva. Terminando por cumplir la profecía familiar en la que las mujeres, al final, se quedan solas.

Aún recuerdo la expresión en el rostro de la mujer cuando yo exponía todo lo anterior. Lo que pasa, es que no es fácil para un sistema familiar matriarcal un reajuste estructural. Mucho menos cuando de esta manera se han movido sus integrantes por tanto tiempo. En este caso, la mujer decidió dejar la terapia porque le hacía mucho "ruido psicológico". Lo más relevante que me dejó este caso, es que recientemente, hablo de 2012, la mujer decidió buscarme nuevamente. ¡Traía muchas noticias! Transcribo una parte de nuestra conversación. Ella inció así su motivo de consulta:

—Lo he recordado cada día por estos últimos doce años. Muchas de las cosas que dijo que sucederían, ya sucedieron. Solo tres años después de aquel encuentro que tuvimos, mi segundo hijo embarazó a su novia. ¡Solo tenía dieciséis años! Por su corta edad, les di trabajo en uno de mis negocios a él y a la madre de su hijo. Hasta la fecha trabajan conmigo. Pero se ha hecho tan atenido… casi como mi marido.

De él… le cuento que sigue peor. Le puse un negocio pero no lo atiende bien. Me ha dicho que quiere poner otro negocio. Pero sé que su comentario significa, que quiere que le dé el dinero para ponerlo. Yo me he opuesto hasta el momento.

Lo que ya me preocupó mucho más es que el mayor acaba de embarazar a su novia. Sabe… me siento realmente cansada. Y no puedo más con la rebeldía del menor. Hasta he pensado en el divorcio. ¿Cree que todavía podamos cambiar la estructura familiar?

—Me sorprende la exactitud de la visión que juntos concluimos hace doce años —contesté— y también sorprenden los cambios tan grandes que han venido a su familia. Pero ahora le sorprenderá a usted mucho más mi recomendación. Porque ahora le sugiero *no cambiar su estructura familiar,* porque ya es demasiado tarde. Hacer que su marido suba tres escaños en la jerarquía familiar, a estas alturas, ya no es posible. Considere que su hijo mayor tiene veintisiete y el segundo veinticinco. Ellos, ya no están en tiempo ni disposición para un cambio estructural. Ni siquiera el menor, que apenas tiene dieciséis años, lo aceptaría.

La sugerencia es que lo arregle de manera **operativa**. Un cambio estructural -bajo estas condiciones- traerá muchos más problemas operativos a su familia, y verdaderamente no creo que el sistema esté dispuesto a hacer lo que se requiere para un cambio de esta magnitud.

Para explicar mejor a lo que me refiero, piense que está en su casa a punto de servir los alimentos de medio día para su familia y advierte que una de las patas de su mesa, está floja. Supongo que el mejor momento para arreglarla será antes de servir la mesa. Pero… qué pasaría si usted ignora esa pata y pone sobre la mesa toda la vajilla: platos, vasos, cubiertos, cristalería, etc. Sirve además los alimentos en los platos y el agua en los vasos. Imagine la mesa completamente servida y todo en "orden". Ahora… suponga que la mesa comienza a *bailar* por la pata floja. Esto, seguramente le molestaría mucho. Pero, si decide repararla en ese momento… ¿qué cree que ocurriría?

—¡Sería un desastre! —Dijo de inmediato.

—Eso es precisamente lo que significaría tratar de hacer los cambios estructurales en su familia a estas alturas. *Las cosas deben hacerse en su tiempo. De otro modo los remedios producen más problemas que beneficios,* el mismo «remedio» suma problemas operativos a los estructurales. Pero tampoco la solución a su problema está en añadir un problema estructural como es el divorcio. Aunque puedo imaginar lo desesperada que usted debe sentirse, la sugerencia para manejar su caso, es arreglar los problemas operativos que le molestan, aceptando la manera en la que el sistema familiar está conformado.

Por ejemplo, si requiere más tiempo y atenciones de su marido -la falta de tiempo es un problema operativo-, no intente cambiar de marido. El divorcio es un cambio estructural. Mejor trate de manera operativa con él, exponiéndole su frustración y pidiendo, por ejemplo, que puedan dedicarse un día a la semana para salir de la rutina de sus ocupaciones. Otro problema operativo puede ser la falta de detalles en la relación. Tratar de manera operativa con esto, consiste en explicarle lo que significan para usted las atenciones que él no le ofrece y los sentimientos que esto le está produciendo. No suponga que de manera mágica él debería entender lo que usted necesita, mejor tome un tiempo para exponerle con paciencia la clase de detalles que usted esperaría de él.

Una característica que llama la atención de los problemas operativos, es que tienden a reproducirse pronto. Lo que significa que en poco tiempo se vuelven una cadena de problemas por resolver. Por esto, la primera recomendación es, *busque pacientemente remediar un problema a la vez.*

La segunda sugerencia para que pueda enfrentar con éxito su problema, es que usted *acepte su lugar en el sistema matriarcal.* Si Dios le regaló su capacidad de crecimiento económico, acéptelo de buena gana y utilícelo para el bien común de su sistema familiar. A su vez, luche contra su egoísmo que le llevará a actuar como matriarca.

La tercera recomendación es: *libere a sus muchachos.* Si bien es cierto que su sistema familiar ha perdido la oportunidad de un cambio estructural, no todo está perdido. Piense en rescatar a la siguiente generación. Lo logrará otorgándoles sus propias responsabilidades a cada uno. Deje que sus hijos carguen con las consecuencias de sus actos. Podría sonar fácil para cualquier persona, pero para la matriarca que toda su vida familiar ha salido a la defensa y protección de sus hijos, y como ella misma ha vivido rodeada del poder que su sistema le ha otorgado, esta decisión puede resultar muy difícil.

Tristemente las personas tardan mucho en hacer los cambios que saben que deben hacer. Creen que tienen tiempo de sobra y que mañana tendrán más oportunidades para cambiar. El tiempo es breve y pasa volando. Si el lector advierte alguna clase de problema en su familia, sea del perfil que sea, le invito a que comience ahora mismo el cambio. De igual manera, si usted es una matriarca que con esta lectura se da cuenta de que la historia anterior refleja parte de su situación actual, piense si está a tiempo de hacer los cambios estructurales o si tiene que enfocarse a resolver los problemas operativos. Como quiera que sea, será mejor enfrentarlo ahora para no tener que sufrir las consecuencias mañana. Si decide hacer un cambio estructural, considere consultar a un profesional de la salud mental que le ayude en el complejo y delicado procedimiento de restructuración de su sistema familiar.

Pero si sus hijos son grandes, quizá debería concentrar sus esfuerzos en crear un mejor ambiente familiar, que resulte más funcional mientras éstos se encuentran en casa. La recomendación será entonces que trabaje en los problemas operativos que los sistemas matriarcales traen consigo. No se dé por vencida, aún le queda una batalla por pelear.

Uniendo lo anterior al tema que nos ocupa, trate de imaginar si al matriarcado le añadimos el dolor de la infidelidad, sea que ella engañe o que sea engañada. A las matriarcas, como a cualquier mujer, también las engañan los maridos. En ese caso imaginará la cantidad de ajustes que el sistema familiar deberá hacer.

Las familias, como cualquier otro sistema autoexistente, «mueren» con el paso del tiempo. Este proceso es necesario para que el sistema familiar pueda evolucionar, y lo hace dándole paso a su siguiente etapa. Justo cuando los hijos se casan, comienza este proceso de "muerte" del sistema de **origen,** pero a su vez, le da vida a un nuevo entramado familiar que conocemos como sistema familiar **extenso.** La muerte de los progenitores marcará el final de la existencia de la familia de origen y el paso libre a la vida del nuevo sistema familiar extenso, transformándolo en una enorme *familia de familias.*

El lector podrá reconocer lo siguiente, si usted pertenece ya a un sistema familiar extenso manifiesto en una familia de familias, notará que lo único que le queda de aquella familia de origen compuesta por sus padres y hermanos, son puros recuerdos. Usted podrá recordar las actividades que hacía con su familia: períodos vacacionales, juegos, comidas, cenas y desayunos. Todos, alrededor de la mesa… platicando. Las tradiciones familiares y sus rituales, la manera en que sus padres le educaron, las peleas, discusiones o desacuerdos entre ellos y el amor que se manifestaron, las traiciones que experimentó y tantas otras cosas más que hoy por hoy son solo recuerdos. No obstante, todo aquello queda con nosotros *de por vida*. **Estos recuerdos mueren con nosotros**. Dejemos pues, muy gratos recuerdos en nuestros hijos. Que su paso temporal por nuestra casa quede grabado en sus recuerdos como algo agradable. Resuelva hoy entonces la clase de problema que deba enfrentar. Vale la pena el esfuerzo ¡ánimo!

Del odio a la libertad
Cuando todo termina

Los matrimonios ideales no son reales. **En el mundo ideal**, las parejas se aman y se demuestran su amor. Son mutuamente comprensivos. Se dedican tiempo. Se respetan y velan por los intereses uno del otro. Buscan de manera cotidiana evaluar su relación con el único propósito de crecer y cuando enfrentan alguna crisis del tipo que sea, ambos se dan a la tarea de resolver el conflicto. Y en el proceso, cada uno admite su propia responsabilidad y pone su parte para hacer que las cosas funcionen. En resumen, en el mundo ideal, las parejas permanecen unidas a pesar de sus diferencias.

En el mundo real las parejas pueden lastimarse. Fantasean con la idea de encontrar al hombre o mujer de sus sueños. Verdaderamente creen que en alguna parte del planeta, su "alma gemela" los está buscando. Por supuesto que los hombres culpan a su realidad, representada por su esposa, de su desgracia. Se distraen. Sueñan. Fantasean. Se distancian. En el mundo real, las personas engañan. Se mienten a sí mismos y mienten a su pareja. Culpan a su compañero de sus propios errores y jamás admiten que ellos tienen una parte importante en el conflicto. En el mundo real, la gente se divorcia.

Comparando ambos mundos, podemos entender la raíz fundamental del problema: **En el mundo real, las personas viven en el mundo ideal.** Cuando logremos admitir que el mundo real es cruel y doloroso, lograremos entonces amar y aceptar lo que éste puede ofrecernos.

Siempre el ideal será la permanencia de la pareja: "Hasta que la muerte los separe…" Este ha sido el propósito de Dios desde siempre:

> «…pero al principio de la creación varón y hembra los hizo Dios. Por esto dejará el hombre a su padre y a su madre, y se unirá a su mujer, y los dos serán una sola carne; así que no son ya más dos, sino uno.» (Marcos 10:6-8)

Sométase a los planes de Dios. Busque cumplir en su vida el plan que Dios trazó para la familia. Luche por su matrimonio. Perdone. Busque ayuda. Evite el divorcio a toda costa. No se canse de intentar porque quizá con el siguiente intento… logre salvar su matrimonio.

No obstante, jamás deje de vivir en el mundo real. Admita que en el mundo real, las historias no siempre terminan con un: "Y se reconciliaron y vivieron felices para siempre". En el mundo real, el final suena más similar a esto: "Y muy a pesar de los esfuerzos y sacrificios de la esposa, el marido decidió abandonarla por otra mujer".

Incluso, en las mismas palabras del Señor Jesús, podemos encontrar dos elementos fundamentales para comprender que en efecto existe un **divorcio permitido por Dios.** Jesús dijo:

> «Por la dureza de vuestro corazón *Moisés os permitió repudiar a vuestras mujeres*; más al principio no fue así. Y yo os digo que cualquiera que repudia a su mujer, *salvo por* causa de fornicación…» (Mateo 19:8-9 *Fragmento con cursivas mías*)

Las frases claves son: "Moisés os permitió repudiar…" y "Salvo por…". El Señor Jesús en la misma cita se refirió al divorcio permitido **bajo cierta excepción.** Ambas expresiones evidencian que Dios opera sobre el corazón endurecido del hombre. Dios conoce el mundo real. Está al tanto y entiende a sus criaturas. Por esto inspiró con su Espíritu a Moisés para **reglamentar** el asunto del divorcio. Porque sabe que la dureza del corazón del hombre le lleva a callejones sin salida. Aun así, bajo estos encierros que el hombre se genera, Él ofrece la mejor alternativa.

Después de todo, pensemos… ¿qué debe hacer la esposa cuando el marido persiste en vivir con otra mujer? ¿Acaso Dios le llama a soportar esta clase de humillación en silencio, con tal de no llegar a ser *una mujer divorciada*? ¿Qué decir de la mujer abandonada por el hombre que se va del país y que ella sabe que su marido tiene otra mujer con hijos en Estados Unidos? ¿Deberá permanecer casada con él solo por evitar el divorcio? ¿Qué podemos decir del hombre que le dice a su esposa que su debilidad son las mujeres y que le parezca o no, él seguirá visitando sexualmente a sus otros amores?

Asimilemos que **por la dureza del corazón** de los esposos manifiesto en las situaciones anteriores, que evidentemente no son los únicos casos, las mujeres, seguramente **pueden** o mejor dicho **deben** considerar el camino del divorcio como algo necesario.

A los que persisten en pecar, tarde o temprano, las consecuencias de su pecado les van a alcanzar. **Esta es una sentencia divina.** Y en casos como los anteriores se puede considerar el divorcio como la consecuencia lógica de la dureza del corazón del esposo, al persistir en su pecado.

Dios desea lo mejor para sus criaturas, por lo mismo, les da la alternativa de decidir entre dos caminos. La decisión que resulta en bendición al aceptar y obedecer sus leyes y la maldición que el ser humano puede atraer sobre sí mismo por ignorarlas. Cito nuevamente las Escrituras cuando Dios se refiere a su pueblo Israel, y le advierte:

> «He aquí yo pongo hoy delante de vosotros la bendición y la maldición: la bendición si oyereis los mandamientos de Jehová vuestro Dios, que yo os prescribo hoy, y la maldición, si no oyereis los mandamientos de Jehová vuestro Dios, y os apartareis del camino…» (Deuteronomio 11:26-28)

Si su marido persiste en vivir en adulterio, no se vuelva su cómplice. No salve la institución matrimonial por encima de usted misma ignorando y pisoteando su dignidad y valor que Dios le dio como persona. Por algo estableció Él mismo **límites** a la persistencia de las conductas erradas del ser humano. Admita que si persiste en continuar unida a un hombre que no desea vivir con usted y que ya decidió sacarla de su vida, perderá muchas más cosas que su papel de mujer casada. **Considere que usted pone en riesgo algunos elementos muy importantes al postergar la decisión de establecer con firmeza sus límites con el divorcio.** Tome nota del primer elemento en riesgo:

La carta de divorcio como la última carta del juego

Con el transcurso de los años al ver los efectos psicológicos y emocionales que las diferentes etapas de un proceso de divorcio traen consigo, he adquirido una visión muy particular de este doloroso evento. Descubrir que muchas de las reacciones psicológicas que este suceso trae a una persona pueden llegar a ser muy favorables para el rescate de una relación matrimonial, *me ha llevado a la conclusión de que la demanda de divorcio puede ser la última posibilidad de hacer entrar en razón a un infiel.* Un proceso de divorcio, bien tratado, puede ayudar a evitar el divorcio mismo y la consecuente ruptura definitiva.

He visto a muchos hombres adúlteros rectificar su vida y decisiones después de que la esposa les ha marcado un límite con firmeza a través de una demanda de divorcio, lo que aclaro, no es una garantía. Pero lo que sí podría yo garantizarle en este momento, es que si usted no marca un límite a tiempo, estará condenando su relación a la ruptura definitiva. Si su caso es crítico, no pierda esta última carta del juego.

Por lo anterior, me permito explicar de manera general la forma en la que funciona y se comporta un proceso típico de divorcio. Añadiré a cada sección las reacciones psicológicas frecuentes que cada uno de los pasos del proceso legal típico, puede traer a un individuo, además de aclarar lo que también usted misma podría experimentar con cada paso. Añadiré además a cada parte las debidas sugerencias que podría yo hacerle para aumentar la posibilidad de obtener los objetivos que se persiguen en cada uno de sus diferentes momentos.

El divorcio como estrategia

Quiero partir de la premisa de que no soy un abogado. Si usted ha determinado divorciarse deberá consultar con un profesional del área que sea de toda su confianza. Para el caso, se trata de un abogado que litiga **Materia Familiar**. Seguro que él le dará las mejores sugerencias y recomendaciones que le ayuden a proteger sus intereses morales y económicos, principalmente cuando el rescate ya no es del **matrimonio**, sino del **patrimonio**. Su abogado además, deberá darle una explicación detallada del tipo de divorcio que promoverá y bajo qué causales.

Por otro lado, si usted toma el camino del divorcio como su última carta para hacer entrar en razón a su infiel, necesitará información detallada de su abogado sobre las etapas por las que pasará y la duración estimada de cada una de ellas. Esta información que le proporcione su asesor legal le dará confianza de permanecer en control durante todo el tiempo que dure su proceso.

Según las leyes, el divorcio podrá promoverse de acuerdo a sus causales, básicamente de una de tres maneras a saber: Administrativo, Voluntario y Necesario. En cuanto al tiempo de duración aproximado en cada uno de estos, dependerá del tipo de divorcio promovido y de que se presenten las dos partes a las juntas de avenimiento ante el juez. Por cierto, el tiempo es un factor elemental para el objetivo que nos ocupa, por marcar un conteo regresivo a cada una de las etapas esperadas.

Cada falta de alguno de los *interesados* a los juzgados, en promedio, atrasa el proceso por lo menos tres semanas. Esto es lo que más demora a un proceso de divorcio. Además, usted deberá considerar la legislación vigente en cada estado de la República. Particularmente en el D.F. que maneja muchas otras modalidades para ejecutar en caso de divorcio. El tiempo promedio estimado, salvando por lo menos las situaciones antes expuestas, sería aproximadamente de:

Administrativo: De quince a treinta días hábiles.
Voluntario: De dos a tres meses.
Necesario: De seis a dieciochos meses.

Para fines prácticos me referiré al divorcio como por mutuo consentimiento (voluntario) o contencioso (necesario). En el primero de los casos ambos cónyuges concuerdan en la ruptura y bajo acuerdos más o menos "cordiales" la pareja llega, relativamente pronto, a la sentencia de divorcio dictada por el juez. *Esta modalidad de divorcio puede ser mucho mejor como estrategia de recuperación del matrimonio.* En el segundo caso, en el que el divorcio se promueve como contencioso, uno de los dos no desea la ruptura y el otro sí. Esto marca el inicio de las hostilidades. El divorcio Necesario o Contencioso suele resultar muy costoso y desgastante para ambas partes, tanto emocional como físicamente. Además de que ambos participantes se verán envueltos en un doloroso y tortuoso proceso de separación.

El éxito de utilizar el divorcio como estrategia de recuperación de la propia dignidad y también como una posibilidad de hacer entrar en razón a la parte infiel, dependerá de algunos factores fundamentales:

1. **El momento en el que se presenta y lo que lo motiva**. No es igual que se presente la demanda de divorcio como un acto de dignidad

y a tiempo por parte del cónyuge lastimado, que como un acto desesperado cuando no le queda otra alternativa y la intensidad de haber descubierto a su infiel se haya diluido. Porque la tendencia natural ante la revelación del *secreto* de infidelidad, se diluye con el paso del tiempo hasta llegar al punto crítico de convertirse en parte de la dinámica familiar.

2. **La actitud firme y decidida del que lo promueve**. Si solo es una amenaza, no servirá de nada. Su esposo, por el contrario, se sentirá manipulado y esto se convertirá en una razón más para aceptar la ruptura. Imagine dos vaqueros en el viejo oeste enfrentándose en duelo, y que uno de ellos le diga al otro: "Ten cuidado conmigo porque tengo un revolver cargado y te voy a dar un balazo... te advierto que soy muy rápido". El otro contendiente sacará la pistola y simplemente le dará un plomazo. La misma escena, en una situación matrimonial se presenta cuando la parte agraviada le dice al infiel: "No olvides que tengo dignidad y si no dejas a la otra... me voy a divorciar". Imagine el cuadro cuando la esposa habla así... ¡y no hace nada!

   Ante la persistencia del engaño no se requieren palabras sino acciones firmes y decididas. Simplemente ¡actúe! No le estoy diciendo que de inmediato y por cualquier cosa lance el divorcio, no ignore todo lo que antes hemos analizado. Después de todo, el infiel "marca el paso".

3. **El estado emocional del que lo presenta**. Si no hay una convicción individual y fortaleza personal, acciones como esta, generarán mucha incertidumbre y dudas en quién lo promueve pero además, despertará sus más profundos temores. Si requiere de la guía de un profesional del área, no dude en consultar con un consejero avezado en el proceso para que le acompañe y le ayude a tomar las mejores decisiones.

Etapas del divorcio y sus reacciones emocionales esperadas

Reitero que deberá consultar a su abogado para conocer en detalle cada paso del proceso legal al que usted y su esposo serán sometidos. Por el momento, le ofrezco información de un proceso legal de divorcio típico. Si requiere más información, hay abogados en línea que pueden asesorarle de manera gratuita o por un donativo simbólico. Si piensa seriamente en intentar este camino, tendrá muchas dudas que resolver. Acuda a quién pueda guiarle.

1. **Consulta con un abogado**. Podríamos considerar como el primer paso estratégico la consulta con un abogado competente. Este analizará, de acuerdo a la ley, las posibles causales que podrían invocarse en su caso y le recomendará la mejor alternativa para presentar la demanda de divorcio. Posteriormente procederá a redactar el documento.

   Reacciones esperadas: Hablando con propiedad, en este primer paso es usted la que presentará reacciones emocionales. Podría presentar un temor intenso, dudas y angustia. El simple hecho de *pensar* en la posibilidad de terminar con su matrimonio, que es lo que hasta ahora ha querido evitar, podría llenarle de miedos e incertidumbre.

   Sugerencias: N*o coseche opiniones de sus parientes o amigos* porque seguramente no tendrán un criterio imparcial hacia su caso. La razón de esto es porque tienen un vínculo emocional con usted que les hará perder objetividad. Sus comentarios sólo añadirán más enojos o temores. Mejor tome de manera individual la decisión y si verdaderamente quiere activar el divorcio como estrategia, *mantenga en todo tiempo la calma*.

2. **La noticia de divorcio para su marido**. La noticia de demanda de divorcio es el segundo paso. Podría hacerla llegar a su marido de diferentes maneras. Solo citaré algunas pocas en orden de impacto. Por ejemplo, que él descubra la simple tarjeta de presentación de su abogado en su bolso de mano, que descubra la carta de divorcio redactada y firmada entre sus documentos personales, que reciba la llamada de su abogado para concertar una cita, que su abogado se presente en su domicilio con los documentos *firmados por usted* en solicitud de un divorcio voluntario, etc. De acuerdo a su muy particular situación, usted deberá considerar cuál será el camino más adecuado.

Reacciones esperadas. La sola presencia de un tercero, en este caso su abogado, añadirá buena cantidad de estrés a su marido. No obstante, debe considerar que un muy bajo porcentaje de hombres reaccionan positivamente en este primer encuentro. La soberbia de muchos hombres no les permite el reconocimiento humilde de sus errores. Por el contrario, embisten contra la esposa con una serie de palabras agresivas y con toda clase de amenazas. Considere que *el objetivo de su marido, bajo estas circunstancias, será lidiar con su propio temor. Lo más probable es que lo hará proyectándolo en usted,* con el fin de romper la seguridad que usted le proyecta. En la mayoría de casos, los hombres castigan a la esposa con su indiferencia.

Sugerencias: No genere expectativas de cambio. Si su marido reacciona *positivamente,* es decir, que él le exprese a usted haber comprendido su error, que está arrepentido y que no quiere el divorcio, **no eche marcha atrás de inmediato a la demanda de divorcio**. No se fíe de este "cambio". Es más probable que sea una reacción natural ante el impacto de la noticia. Difícilmente será un reconocimiento genuino del error. Si usted detiene el proceso, **mostrará debilidad** ante su esposo y quizá él regresará a su pecado. Permita que su marido conserve *un nivel razonable de ansiedad* para que logre mantener fuerte el deseo de cambiar. Si reacciona de manera negativa, que por cierto es lo esperable, manténgase igualmente firme.

3. **Primera junta de avenimiento ante el juez**. Algunos días después, dependiendo de la agenda del juzgado, serán citados ambos ante el juez para ratificar las firmas de la presentación de demanda de divorcio. En este punto, en privado, el juez buscará disuadirles de continuar con el proceso, o al menos, hacerles razonar haciendo algunas preguntas sobre los documentos que presenten.

   Reacciones esperadas: Estar de frente ante un representante de la ley será verdaderamente impactante. Ambos experimentarán una muy intensa reacción emocional. Si se enferma por la impresión, es comprensible. Este será uno de los momentos más críticos del proceso legal. Usted se verá tentada a dar marcha atrás en ese momento porque sentirá que verdaderamente se está divorciando.

Sugerencias: Asegúrese *preguntando al juez* cómo será el proceso que sigue y principalmente pregunte si hay que volverse a presentar a una segunda firma. Si el juez le dice que serán citados en algunos días más para ratificar las firmas nuevamente, estamos dónde deseábamos. En silencio y reflexiva *firme sin temor*. No olvide que con esa firma todavía no está divorciada, aunque así se sienta. *Su determinación a firmar el divorcio ante el juez, generará el estado ideal para la llegada del punto culminante de este proceso de estrategia de cambio.* Una vez que salga de los juzgados, haga distancia. Por ningún motivo le llame deseando saber el estado emocional de su marido. Tome su tiempo y dele suficiente tiempo a él para reflexionar sobre lo que hayan hecho y la decisión que están tomando. La cita podría demorar incluso algunos meses. Entre más tiempo tenga en espera de la última firma, será mucho mejor. Incluso su abogado podría conseguir que se aplace la cita para la segunda firma.

4. **Período de espera para la segunda junta de avenimiento**. Este es el estado óptimo para reflexionar sobre lo que han iniciado. El porcentaje de hombres que reaccionan buscando una segunda oportunidad con la esposa, es muy similar a los que ignoran el estado crítico en el que se encuentra su matrimonio.

   Reacciones esperadas: La moneda está en el aire. Uno de los lados de la moneda dice *arrepentimiento* y el otro dice *soberbia*. Si su infiel reflexiona, podría recuperarle. De otro modo, quizá no le importa y desea la ruptura más que la reconciliación.

   Sugerencias: Respecto al proceso de divorcio, le recuerdo que se encuentran entre la primera y la segunda firma de avenimiento ante el juez. **En este punto, si su marido le contacta buscando la reconciliación, la sugerencia es que con mucha cautela se siente a la mesa de negociación**. La estrategia está funcionando favorablemente. Si su marido le propone detener esto, podría usted considerar un reencuentro siempre y cuando *su marido se comprometa a asistir con algún consejero mediador*, que les ayude en el proceso de negociación. Considere lo siguiente:

Rosalío Contreras

Usted promueve el divorcio justamente para evitarlo

La mezcla de las etapas del proceso legal con las actitudes adecuadas, podría determinar en gran medida el éxito o el fracaso en acciones estratégicas como esta. *Mantenga en todo momento el control sabiendo que usted promueve el divorcio para no divorciarse.* Pero será mejor que usted conserve en mente, mientras dure el proceso de divorcio, que su matrimonio se acabó. Esto le ayudará a resistir la presión.

El plazo perentorio para decidir si desea divorciarse o no, llegará justo antes de la segunda junta de avenimiento ante el juez. **Sepa usted que si en dicha cita no firma no pasa nada.** No quedará divorciada. No olvide que ni su esposo, ni el abogado, ni el juez, ni la ley le pueden obligar a firmar. *Dado el caso, el juez, ante su negativa a firmar, hará entrar su caso a un período de espera no mayor de cuarenta y cinco días hábiles.* Si no se presentan a darle continuidad y por no haber *auto* que ordene dictar sentencia, el juez declarará sin efectos la solicitud de divorcio y mandará archivar el expediente. Si posteriormente los interesados quisieran retomar la demanda, tendrán que comenzar todo el proceso de nueva cuenta. Los documentos como la prueba de ingravidez, actas de nacimiento y la petición misma de divorcio caducan si no entran a efecto en tiempo y forma.

El ingrediente básico en estrategias tan intensas como esta es *una actitud firme y decidida en control de sus emociones.* Si sumamos a esto la manera en la que la constitución establece el proceso de divorcio en sus diferentes etapas, podrá observar que ofrece un panorama muy adecuado para esta clase de intervenciones en la que usted se juega su última carta. Por otra parte, si decide implementar una estrategia de esta naturaleza, no debe ignorar la realidad de que algunos abogados, corrompidos por intereses económicos, en contubernio con algunos otros "impartidores de justicia" pueden obtener un divorcio en una sola firma ante el juez. Por lo mismo, consulte en todo momento para resolver sus dudas. Además, considere contratar a un abogado de su completa confianza. Pero fundamentalmente, busque el consejo y el consuelo de nuestro Señor. Él le confortará y guiará paso a paso. Ruego a Dios por usted. ¡Que el Señor le proteja!

Estrategias y tácticas

Una nota final acerca del divorcio como estrategia de recuperación de un matrimonio. Si desea aplicar procedimientos como los antes descritos, no pierda de vista que usted está tratando con "material humano", lo que hace imposible predecir a ciencia cierta los resultados.

Partamos de la premisa de que todas sus estrategias y técnicas son aplicadas por la simple y sencilla razón de que *usted tiene que dar una respuesta racional a las conductas infieles de su marido.* Como la parte agraviada, requiere de procedimientos inteligentes y ordenados. Esta deberá ser en todo momento la única motivación para pensar en estrategias así. Jamás haga algo para recuperar a su marido. De antemano le digo que no le va a resultar. Mejor siga la invitación de todo lo que hasta aquí he propuesto. La razón principal de todo este proyecto es tratar de recuperarse a usted misma. Si estas acciones resultan en la recuperación matrimonial, ¡excelente! Por el contrario, si usted se encuentra de frente con el divorcio y sale bien librada de un matrimonio tortuoso, al que no le quedaba otro camino que el divorcio permitido, le diría también, ¡excelente! No olvide que cada plan que desarrolle, cada acción y cada estrategia, deberán ser sustentadas por **tácticas**.

Ya que he mencionado los términos **estrategias** y **tácticas** quisiera tomar un espacio para ilustrar lo que quiero diferenciar con estas palabras. Piense en dos ejércitos que están a punto de enfrentar una de tantas batallas que van a decidir el destino de las naciones que representan. El ejército **A** elabora su **estrategia** en su cuartel. El general, en contacto con los altos mandos elabora las mejores maniobras que le proporcionarán, según su experiencia, los mejores resultados. En su *estrategia* el general y su equipo coinciden que atacarán a las 1600 horas, por el norte del territorio ocupado, y lo harán con tanques y misiles *tierra aire.* Además, concuerdan que se van a dividir cuando el general les de la señal. Mientras tanto, el ejército **B**, hará lo propio en su cuartel, de la misma manera, planeará su estrategia.

Son las 1600 horas y llega el momento del enfrentamiento. Lo que el ejército **A** no ha previsto y que quedó como huecos en su estrategia, es la estrategia del ejército **B**, normalmente esto es lo que hace que se pierdan batallas. El general del ejército derrotado entenderá que han perdido esta batalla, pero no la guerra. Sin embargo, no ignora que en este encuentro se ha perdido algo más que la batalla, se ha perdido el ánimo de sus soldados. No hay peor enemigo en una guerra que el desánimo. El general echa un vistazo a su alrededor y observa a su ejército derrotado. Cansado. Malherido. Desmoralizado. Firme, se pondrá de pie frente a su ejército y comenzará así su **táctica**:

—Hoy he visto a un puñado de hombres valientes en el campo de batalla entregando todo lo que tenían por su país. Hombres libres y honorables que sin vacilar estuvieron dispuestos a ofrecer su propia vida por mantener en alto su dignidad y libertad. Patriotas que luchan contra la tiranía y el abuso de aquellos imperios que lo consumen todo a su paso. Sé que hemos perdido esta batalla, pero no hemos perdido la guerra.

En este punto, el discurso sube de intensidad y los soldados casi pueden escuchar la música de fondo que acompaña las emotivas palabras del general. Levantando la mirada, con fuerza y firmeza, el general continúa:

—¡No olviden que lo hacemos por nuestro país! ¡Por nuestras familias! ¡Por nuestra libertad! ¡Por nuestros ideales! Luchamos porque deseamos heredar a nuestros hijos y a los hijos de nuestros hijos, el placer de vivir en un país libre y soberano en el que se pueda vivir sin temor.

Los soldados al escuchar semejante arenga, al unísono, y olvidando su estado físico, se pondrán firmes y sin más, dirán:

—¡Señor! ¡Sí señor!

En la medida en la que sube la intensidad del discurso subirá también el ánimo de los soldados. Piense en esto, ¿por qué el pueblo norteamericano perdió la guerra de Vietnam a pesar de la superioridad de su ejército? En las "Crónicas de la Guerra de Vietnam 1965-1975" se pueden, sin ser especialista, identificar las razones. Se observa la combinación de dos factores básicos: una **mala estrategia** norteamericana, y una **excelente táctica** vietnamita. La estrategia norteamericana al parecer, fue lanzar una gran ofensiva que incluía una gran cantidad de helicópteros AH-1H, mejor conocidos como *Cobra*. Un gran despliegue de artillería e infantería que buscaba enfrentar al enemigo en campo abierto. Esto envolvió a los norteamericanos en una guerra de guerrillas, mala estrategia para enfrentar al enemigo en su propio territorio. A esto, se sumaron las tácticas vietnamitas que consistían en hacer sentir a cada poblador de Vietnam y a cada soldado del *Viet-Cong* como una parte importante de una lucha común. Usted podrá concluir, como yo, que fue esta combinación la que hizo que la derrota norteamericana estuviera profetizada desde su comienzo. Solo era cuestión de tiempo, y vaya que pasaron muchos años para demostrarlo.

Un dato por demás relevante, es que *cada soldado vietnamita prefería la muerte antes que la rendición.* La pregunta obligada es ¿cómo lograron los líderes vietnamitas producir este espíritu solidario en su ejército? La respuesta emerge al comprender cómo combinaban sus esrategias y tácticas. Dentro de las **estrategias** vietnamitas construían túneles subterráneos en los que prácticamente vivían, pues **los oficiales de alto rango, en sus tácticas, compartían las mismas condiciones que los soldados, viviendo en los mismos agujeros.**

Las estrategias fallan, las tácticas… ¡jamás! Siempre traen consigo alguna ganancia. Aprenda a diferenciar entre sus estrategias y sus tácticas. No olvide que usted manejará su caso con *estrategias inteligentes,* no emocionales. Pero todas sus acciones deberán estar sustentadas por tácticas que son las que le mantendrán de pie y le ofrecerán la fuerza necesaria para continuar. De este modo, ante la posibilidad real de que su estrategia falle, el discurso de su táctica sonará en su corazón con algo como lo siguiente:

"Mi valor como persona no depende de las decisiones de nadie fuera de mí. Me he propuesto ser feliz tomando la vida tal y como se presenta. He determinado que los mejores recuerdos que tengo de este episodio, tan hermoso de mi vida llamado matrimonio, no sean empañados por nada ni nadie, ni siquiera por su final. Porque juntos, aquél muchacho del que me enamoré cuando era soltera y que se esforzó por conquistarme, y yo, creamos historias tan hermosas acerca de unir nuestras vidas. A su tiempo, materializamos nuestros sueños en una boda increíble, en la que el ingrediente más poderoso fue el **acto voluntario** que impulsaba el deseo de estar juntos. Ambos, en aquel acto voluntario, aceptamos unir nuestras vidas. Ahora… las cosas en su misma esencia, no han cambiado. Él es tan libre como lo soy yo. Si tú, marido infiel, has decidido salir de mi vida, tú te lo pierdes. Yo, por mi parte, cerraré el capítulo de nuestras vidas con dolor. A pesar de que ahora parezca imposible, sé que me levantaré nuevamente para reconstruir mi vida junto con nuestros hijos. La profunda lección que todo esto me enseña, es *que los vínculos matrimoniales son voluntarios.*

Sólo los vínculos sanguíneos nos obligan a permanecer unidos a las personas. Y yo no estoy obligada a permanecer unida a un hombre que persiste en vivir en conductas autodestructivas como el adulterio. Acepto que él tampoco está obligado a permanecer a mi lado. *Acepto dejarle libre.* Con mucha dignidad puedo decir a mi corazón, mirando de frente al Creador, que hice todo lo que me correspondía hacer para que esta relación permaneciera. Por desgracia, las cosas no se dieron como yo hubiera deseado. A pesar de todo, acepto tu decisión y hoy la tomo como nuestra despedida. Por el mismo amor que un día nos unió, hoy te libero y me libero".

Jugar con el futuro de sus hijos

El primer elemento que se pone en riesgo al postergar la decisión de un divorcio necesario, como antes explicaba, es perder la oportunidad de utilizar el mismo divorcio como estrategia de cambio. El segundo elemento que usted pondrá en riesgo con una actitud pasiva, es el futuro de sus hijos. Los padres marcamos la memoria de nuestros hijos con nuestras acciones. El lector que fue hijo de una mujer que permitió el adulterio de su esposo, podrá corroborar esto. Porque seguramente usted recordará la cantidad de veces en las que intentó hablar con su madre por su conducta pasiva ante el engaño flagrante de su padre. El razonamiento del hijo se activa ante la negativa de la madre de tomar medidas firmes, y se pregunta en su interior: "¿Hasta cuándo mi madre, dejará de suplicarle a mi padre…?". "Y si él sigue con la otra mujer… ¿Por qué mi madre lo permite?". "¿Qué necesitará mi madre para reaccionar y poner un límite a todo esto?".

El condicionamiento al que los padres someten a sus hijos a través de sus conductas, es ineludible. Quiero puntualizar que sus hijos en el presente están aprendiendo de usted la manera en la que deberán reaccionar en el futuro al encontrarse en semejantes circunstancias. Para decirlo simple, *ellos están aprendiendo a permitir el abuso de los demás sobre sí mismos.* Porque esto es lo que usted, esposa pasiva ante el marido infiel, les está enseñando. Permítame ilustrarlo con el siguiente relato:

Desesperado, un hombre me llamó esa mañana. Me dice que su esposa intentó suicidarse *tragándose* un frasco de pastillas. De inmediato les recibo en mi oficina. Cuando ambos llegan a mi consultorio, ella todavía estaba aturdida por los efectos del medicamento y por todos los acontecimientos que habían experimentado en los últimos tres días. A esto se sumaba el dolor físico causado por el lavado gástrico al que había sido sometida. El lavado gástrico genera un trauma físico al paciente, porque le introducen una sonda de calibre grueso vía orogástrica o nasogástrica por la que irrigan solución salina. Después, la drenan mediante el método de *sifón*, poniendo la sonda por debajo del estómago del paciente y haciendo que por la fuerza de gravedad, se drene la sustancia. El procedimiento dura aproximadamente una hora, hasta alcanzar a drenar aproximadamente tres litros de solución salina. Estos procedimientos, además de resultar dolorosos, pueden ser muy riesgosos para la persona, por ejemplo, pueden causarle vómito compulsivo. Y si la persona se encuentra inconsciente o semiinconsciente existe el riesgo de que el paciente *bronco aspire* y lleguen a sus pulmones el vómito o la solución salina. Además, se puede producir taquicardia, hipotermia, irritación y lesiones de la mucosa gástrica, hasta el sangrado, e incluso, hemorragias y algunos otros trastornos más.

Al dolor físico de este procedimiento que le habían aplicado en la sala de urgencias del hospital en el que había sido internada, había que sumarle la absorción del medicamento que su cuerpo ya había hecho, que por el tiempo de duración entre la ingesta y el lavado pudo ser una cantidad preocupante. Todo esto la mantenía en un estado de sopor y letargo motriz, casi permanente.

—Platíqueme —le pregunté yo, que decidí iniciar la consulta en privado con ella. —¿Cómo sucedieron las cosas?

Con una mezcla de enojo y tristeza, y con la mirada fija en un punto, la mujer comenzó:

—Sé que cometí una estupidez, pero perdí el control cuando descubrí en la cama a mi marido con otra mujer. Debo añadir que estaban en nuestra propia casa y en nuestra propia cama. Ardí en cólera y solo me puse a gritarles y ofenderlos. Afortunadamente no se encontraban en casa ninguna de nuestras tres hijas. Habría sido muy vergonzoso.

—Imagino que debió ser muy impactante y doloroso el hallazgo, pero platíqueme… ¿qué sucedió después?

—Le dije que no quería volver a verlo en mi vida. En ese momento me dijo que comprendiera que él tenía necesidades sexuales que yo no podía satisfacer. Que ya no se excitaba al verme, y que si yo quería estar con él bajo estas condiciones, podíamos permanecer juntos por las hijas. Si no, se divorciaría de mí. Azotó la puerta y se fue con la otra mujer. Fue entonces que decidí buscar todas las pastillas que encontré en mi casa y me tomé todas las que pude. Después, desperté en el hospital.

Había cierta información que aún permanecía velada en su relato. Porque normalmente un hombre no decide engañar a su esposa, en su misma casa y en su misma cama la primera vez. Cuando esto sucede típicamente es porque ya existen engaños anteriores. Porque cuando ser infiel a la esposa ya no es suficiente para el infiel, *tiene que añadir elementos que hagan más intensa la experiencia* y es así como piensa en arriesgarse más a ser descubierto añadiendo adrenalina a su engaño. Con esto en mente, continué con mi siguiente intervención:

—¿Sospechaba que su esposo le era infiel? —La mujer hizo una pausa muy prolongada… suspiró profundo y respondió.

—He tenido una vida muy difícil a su lado. Y… creo que sí me había sido antes infiel. Aunque él siempre lo ha negado.

—¿Siempre lo ha negado? ¿Significa que siempre ha sucedido? ¿Qué es lo que usted realmente cree? —Yo trataba de romper en ella ese mecanismo de negación que lleva a las mujeres engañadas a proteger a su infiel, motivadas por un profundo temor a perderlo. A estas alturas su incomodidad ante mis preguntas era ya evidente.

—Hable con franqueza, este es su momento de hablar con la verdad, —yo le animaba a abrir el corazón y sus secretos. Con mucha dificultad, finalmente la mujer comenzó a revelar la verdad.

—Tiene razón. Él ha sido infiel desde que éramos novios. En estos veinticinco años de matrimonio he encontrado toda clase de evidencias de infidelidad en mi marido. Ropa íntima femenina en su camioneta, preservativos que evidentemente no utiliza conmigo, hasta me encuentro los jabones de los moteles en los que se ve con sus mujeres, porque no ha sido muy discreto. A lo largo de estos años, he recibido llamadas de muchas mujeres diciéndome que se acostaron con él. El colmo fue que dos de estas mujeres me dijeron que tienen un hijo suyo.

—Si esta conducta ha sido repetitiva en su marido ¿cuál es la diferencia esta vez? —Pregunté, tratando de producir una reacción en la mujer. Después de una pausa, respondió:

—No lo sé… Creo que cada vez está peor. Sé que no he hecho lo que debí hacer en su momento, pero todavía tengo la esperanza de que cambie. Aunque ahora… ya no sé qué hacer.

—Este es la conducta típica que he visto en el infiel cuando se le deja sin consecuencias por sus acciones —intervine para ayudarle a entrar en razón. —Hasta que la mujer entra en un estado agudo de desesperación y toma decisiones muy temerarias como la que usted tomó hace algunos días. Pero, permítame suponer con usted por unos momentos… Trate de imaginar lo que sucedería si efectivamente hubiera logrado su cometido. Quiero decir, si hubiera logrado terminar con su vida. Ahora imagine que yo no fuera su terapeuta, sino que fuera *San Pedro,* y le preguntara: "¿Qué haces aquí? Porque este no es tu tiempo". ¿Qué respondería?

—Estaba muy desesperada… buscar un poco de paz —respondió muy titubeante y pensativa.

—Y… ¿Qué te hace pensar que de «este lado» encontrarás la paz que buscas? Después de todo, cometiste suicidio. ¿Crees que estabas realmente preparada para «brincar» de este lado? —Su expresión me daba a entender que comprendía perfectamente lo que había arriesgado con este acto. Yo, continuaba *en mi papel de San Pedro.*

—Ya no soportaba… Y era tanto mi dolor que ni siquiera había tenido tiempo para pensar en esas cosas —respondió con la mirada hacia abajo.

Estados agudos de estrés, mezclados con el temor a la pérdida, hacen que el individuo no calcule todos los daños que sus decisiones podrían traer a su persona. Continuando con la entrevista, dije:

—Entiendo entonces que no estaba preparada para encontrarse de frente con Dios. Pero no se preocupe, no soy San Pedro. Soy su Psicólogo y afortunadamente no logró quitarse la vida. Pero quisiera pedirle que permaneciera todavía un poco más con la idea de que sí logró *brincar del "otro lado"*. Ahora, pregúntese: ¿Qué dejó de este lado? Y permítame contestar como su terapeuta a esta pregunta. Porque son dos las lecciones lógicas muy importantes que ha dejado grabadas en la mente de sus tres hijas: Primera lección, *buscarse un hombre infiel*. Y segunda, *cuando estén atoradas en medio de la encrucijada a la que arrastra un infiel, y el dolor del adulterio les inunde, pues… "Tráguense un frasco de pastillas"*. —Creo que el impacto de la intervención le hizo reaccionar.

—Pero yo no…! Jamás pensé…! No era mi intención…! ¿Usted cree que esto se les va a olvidar algún día?

—¡Jamás! Estos eventos quedan como tatuajes mentales. Son ideas que permanecen "larvadas" en la mente en la espera de ser activadas, y en su momento, cuando son despertadas, comienzan su proceso destructivo.

—¡Pero yo no quiero que mis hijas sufran todo lo que yo he vivido! Me pregunto si todavía puedo hacer algo…

—Sus hijas jamás olvidarán todo lo que han vivido con usted. Todo esto ya forma parte de su historia y de su estructura mental. El fantasma del suicidio ya quedó como una opción en sus vidas. Pero no necesariamente significa que lo vayan a cometer. Y respondiendo a su pregunta, sí ¡hay mucho que puede hacer! De hecho, hay mucho que usted debe hacer porque nadie más podrá hacerlo. Se trata de ofrecerles a sus hijas el plan «**B.**» Si una madre pone una idea equivocada en la mente de sus hijas, sólo ella podría corregir el concepto equivocado colocando una idea correcta que servirá como opción «**B.**» **Esto ocurrirá en el momento en el que usted resuelva el asunto de la infidelidad de su esposo, poniéndole límites firmes a su conducta infiel**. De este modo ellas podrán tener más de una alternativa en mente cuando enfrenten semejante situación. Al resolverlo, usted les enseñará dos cosas básicas: Primero *que no están condenadas a casarse con un hombre infiel*. Y segundo, *que sepan qué hacer ante semejante circunstancia, en caso de que se les presentara*.

Reflexiva, la mujer lograba entrar en un compromiso interno que, por cierto, es el objetivo que el clínico persigue bajo un estado suicida. Después de algunos breves momentos la mujer dijo:

—Cuánto daño se les puede hacer a los hijos con nuestras decisiones…! Me siento muy arrepentida!

Al término de nuestro primer encuentro, la mujer estaba realmente motivada a hacer todo lo que estuviera en su mano para ofrecer a sus hijas la "otra" alternativa. El compromiso que ella hizo consigo misma, al cabo de algunas pocas sesiones, comenzó a rendirle frutos. Evidentemente, el primero en notar el cambio fue su marido, que por cierto, terminó en terapia individual por su conducta infiel. Pero lo más interesante de este caso, fue observar que las hijas, después de ver las acciones decididas de su madre, paulatinamente cada una de ellas mostró cambios en sus respectivos noviazgos. Según la mamá, ellas aprendían a **poner límites** ante las conductas abusivas de sus respectivos novios.

Casos así describen cómo la determinación de una mujer para apegarse al oportuno "plan de rescate familiar" que, como en este caso, se concentra básicamente en un procedimiento de *resolución del conflicto de pareja*, puede ofrecer a las hijas una nueva manera de percibirse a sí mismas, en relación a su trato con los hombres.

Ante un elemento tan importante como es la propia estructura de la personalidad, los padres debemos entender que por identidad de género, nosotros mismos podemos llegar a ser los artífices de la forma que tome la estructura psicológica de nuestros hijos. Todo se debe al modelo que exhibimos ante ellos. **Los padres jamás debemos olvidar que nuestras decisiones cotidianas quedarán como una impronta en la mente de nuestros hijos.** El modelaje de las conductas será la enseñanza que les obligue a actuar de la misma manera. Lo anterior incluye a ambos padres, tanto al fiel como al infiel.

Una mujer infiel que tenía un año separada de su marido y que no tenía deseos de regresar con él porque seguía enamorada de su amante, en un momento de reflexión terapéutica, me confesó un emotivo evento ocurrido la semana anterior a esa entrevista, que le dejó sin habla. Se trataba de un comentario que hizo su hija de solo cuatro años de edad. En ese evento, ella pudo entender que por el último año, con su conducta, estaba marcando de manera muy negativa la mente de su pequeña.

—Esa mañana, estábamos en el desayuno —relató. —Mis dos hijas, la señora del aseo y yo. De pronto, mi nena de cuatro añitos inició una plática muy profunda para su edad.

—Oye mamá, las mujeres comenzamos con la primera comunión, luego viene la boda, después nacen los niños y… ¿después viene la separación?

El desayuno se tornó en un muy incómodo silencio de sepulcro. La mujer, muy avergonzada conmigo, continuó:

—Me quedé helada, realmente no sabía qué contestar. Mi hija mayor, en silencio y con una sonrisita me miró como esperando mi respuesta. Sabe… Jamás se me va a olvidar la expresión en sus ojos… ¡cuánto daño le podemos hacer a nuestros hijos! Ante mi bloqueo catatónico, la señora del aseo, queriendo rescatarme, le dijo a mi hija: "¿Quieres más sopita?".

Piense con honestidad qué podría contestar ante el planteamiento de una mente limpia que pregunta con mucha honestidad sobre *lo que a ella le espera en su propia vida*. La madre modela el futuro de sus hijas y el padre el de sus varones. *Por todo esto, ambos padres deben considerar que con sus elecciones, acciones y decisiones, pueden estar jugando con el futuro de sus hijos.*

Jugar con su propio futuro

El tercer riesgo al postergar un divorcio necesario ante la persistente conducta infiel de su cónyuge, es jugar con su propio futuro. Antes le decía que con sus elecciones quizá esté jugando con el futuro de sus hijos. Con la misma intensidad le diré que la otra cara de la moneda dice: "Jugar con el propio futuro". Y si no es justo para sus hijos, tampoco lo es para usted. Tristemente, con mucha frecuencia me he encontrado con la realidad de que el cónyuge que se esfuerza más por mantener unido un matrimonio, al final, es el que más pierde, y que mientras dure la tormenta *vivirá atrapado en el dilema de recuperar su matrimonio o recuperar su dignidad.*

Yo mismo comparto con usted el deseo de que el matrimonio sea para toda la vida. Prueba de ello es este libro, cuyo objetivo principal ha sido ofrecerle a usted, que se esfuerza por rescatar su matrimonio atribulado por el adulterio, procedimientos, tácticas y estrategias para evitar justamente el divorcio. Pero a su vez, no quisiera que quedara en su mente la idea de que se debe salvar la institución matrimonial por encima de las personas. No podemos cegarnos a la realidad de la existencia de hombres y mujeres que persistentemente engañan a su cónyuge, y además lo hacen sin el más mínimo sentimiento de culpa y sin la menor intención de cambiar.

No permita que le engañen. "Esta es tu cruz hija mía…" no es palabra de Dios, más bien, son ideas que exponen aquellas personas que prefieren salvar *las apariencias* por sobre las personas.

Divorcio: Ruptura del ciclo natural de una pareja

En este punto quiero ser muy enfático al refrendar mi compromiso personal y profesional de luchar por evitar las rupturas matrimoniales, admitiendo a su vez la posibilidad real de un divorcio necesario y permitido por Dios. De la misma manera usted, quizá deba admitir que es tiempo de pensar en lo que hasta ahora había querido evitar. Acepte que muy a pesar de haber perdonado genuinamente a su esposo infiel y haber querido con valor y constancia luchar intensamente por evitar el colapso matrimonial, a pesar de que usted se ha presentado diligentemente delante de Dios, a pesar de que pueda decir con honestidad delante del mismo Dios que ha trabajado para hacer los cambios necesarios en su persona que consideró causantes de su separación, a pesar de que no sea justo para usted por todos los esfuerzos y lágrimas derramadas por alcanzar la reconciliación, a pesar de esperar pacientemente el cambio de conducta en su cónyuge… probablemente llegó el tiempo de enfrentar lo que hasta ahora ha querido evitar: **el divorcio**.

La pregunta que estos hombres y mujeres honestos, que han hecho todo lo que está en su mano por evitar el divorcio, tarde o temprano tendrán que contestarse es: **¿el divorcio es permitido por Dios?** Quiero tomar un espacio razonable para exponer lo que Dios dice en su Palabra acerca de esta cuestión. Pido a Dios no ser mal interpretado. Cualquier decisión que llegue usted a tomar, consúltela primero con su pastor o consejero espiritual.

Creo firmemente que una persona con suficiente conocimiento de Dios y su Palabra, podrá aconsejar con libertad sobre el concepto del «Divorcio Permitido» en la Escritura.

En este punto, si está usted considerando la ruptura definitiva de su matrimonio o está aconsejando a alguien que se encuentre en esta coyuntura, le pido que antes, considere estas cinco premisas.

Dios odia el divorcio

La premisa número uno es que *el divorcio no es el plan de Dios*. Jamás Dios tuvo en mente darle al hombre la «alternativa» de romper con el ciclo natural de una pareja. Al crear al hombre y al diseñar las instituciones que le darían sentido y ocupación a su vida, como es el matrimonio, el divorcio nunca estuvo en sus planes ni en su agenda. Por esto, cuando Jesús fue cuestionado por los fariseos sobre aquella referencia que hizo Moisés sobre la posibilidad de dar «carta de divorcio», dejó en claro en su respuesta que los planes de Dios respecto al matrimonio, fueron que éste sea un compromiso de toda la vida. *El matrimonio es un pacto que debe llevar a la pareja a permanecer unidos como una sola carne*. A continuación, cito sus palabras:

> «Él, respondiendo, les dijo: ¿No habéis leído que el que los hizo al principio, varón y hembra los hizo, y dijo: Por esto el hombre dejará padre y madre y se unirá a su mujer, y los dos serán una sola carne? Así que no son ya más dos, sino una sola carne; por tanto, lo que Dios juntó, no lo separe el hombre.» (Mateo 19:4-6).

De este modo bien podemos interpretar un divorcio como el punto en el que se contraponen *los planes de Dios y las acciones del hombre*. En donde los planes de Dios siempre han sido la unidad y permanencia de la pareja, *a pesar de las circunstancias* y las acciones egoístas del hombre, que terminan por separar lo que Dios unió.

A pesar de la claridad en la respuesta del Maestro, los fariseos vuelven a cuestionarle sobre la carta de divorcio. Pero ahora, dirigen su pregunta hacia la razón por la que Moisés permitió dar carta de divorcio y repudiar a la mujer, cuestionando de este modo la misma inspiración divina de las Escrituras. Jesús, entonces, en su segunda respuesta se dirige al centro del problema al exponer la razón fundamental que lleva a las parejas a la decisión de la ruptura del ciclo natural de la pareja, diciendo:

> «Por la dureza de vuestro corazón Moisés permitió repudiar
> a vuestras mujeres; más al principio no fue así.» (Mateo 19:8)

En esta respuesta del Señor podemos entender que el divorcio es entonces **un problema de actitud del corazón**. En la determinación de sus palabras comprendemos la base fundamental de por qué la posibilidad de reconciliación en una pareja, ante el acto de infidelidad, se hace casi imposible. **Una actitud endurecida, renuente y negativa del corazón, sea del infiel por persistir en su infidelidad o del cónyuge fiel que se niega a perdonar, derivan en una ruptura matrimonial**. Pero la divinidad fija su postura ante el acto humano de divorcio en dos frases contenidas en otra referencia, y no dejan lugar a dudas sobre la opinión que Dios tiene acerca del divorcio:

> «Guardaos, pues, en vuestro espíritu, y no seáis desleales con
> la mujer de vuestra juventud.»
>
> «Porque Jehová Dios de Israel ha dicho que él aborrece el
> repudio.» (Malaquías 2:15-16)

Entiéndase la palabra «repudio» en los usos bíblicos como sinónimo de divorcio. Dios revela que el divorcio es un acto de "**deslealtad**" y algo que Él aborrece. *No trate de justificar entonces su divorcio de ninguna manera.* Si trata de encontrar motivos para romper su compromiso matrimonial, estará dando entrada a una **mala actitud** en su corazón. Esto no le permitirá actuar con honestidad, ya que se encontrará en la búsqueda de razones que justifiquen su decisión, y no con una actitud positiva que facilite el perdón y la reconciliación. Si la persona mantiene la actitud de buscar rescatar su matrimonio podrá decidir con libertad sobre lo que tendría que hacer, incluso, en caso de que su cónyuge planeara la ruptura. En todo este proceso no olvide la postura de Dios respecto al matrimonio, porque Dios diseñó el matrimonio para toda la vida y Él odia el divorcio.

El camino del perdón debe ser la primera respuesta

La premisa número dos es *que bajo cualquier causal de divorcio, el perdón se sobrepone, incluso, sobre el mismo acto de adulterio.* Ante cualquier eventualidad que un matrimonio enfrente, el perdón deberá ser entonces la primera respuesta del cónyuge agraviado. La premisa número uno, nos llevó a la conclusión de que el divorcio es un problema de actitud del corazón, sea del agresor por no arrepentirse o del agraviado por no perdonar. Es precisamente esa actitud la que dificultará la aplicación de la segunda premisa que prescribe *el perdón como la primera respuesta ante un engaño.*

Jamás Dios pedirá algo a sus criaturas que Él mismo no esté dispuesto a hacer. De este modo nos marca el camino a seguir. Dios marca el camino del perdón ante sus criaturas infieles. **Me remito a sus acciones.** La *metáfora* del matrimonio, con todo lo que éste implica, para ilustrar la relación entre Dios y el pueblo de Israel, es tema recurrente en los relatos Bíblicos. Como en cualquier matrimonio, la posibilidad del engaño es un asunto tratado en esta ilustración. *A Dios le duele tanto la idolatría del hombre que lo equipara al dolor causado por la infidelidad en un matrimonio.*

La relación de Dios con el pueblo de Israel, bajo la figura del matrimonio, se puede ver en pasajes como el del profeta Ezequiel. Le recomiendo dar una leída completa al capítulo dieciséis. Para fines del tema que expongo, solo citaré las tres partes que denotan los puntos que deseo enfatizar en este momento. El amor y la entrega de Dios hacia el pueblo de Israel, tal y como un hombre ama y se entrega a una mujer, queda confirmado en esta primera referencia:

> «Y pasé yo otra vez junto a ti, y te miré, y he aquí que tu tiempo era tiempo de amores; y extendí mi manto sobre ti, y cubrí tu desnudez; y te di juramento y entré en pacto contigo, dice Jehová el Señor, y fuiste mía.» (Ezequiel 16:8)

Dios se entrega cual esposo con su mujer. La redime, sana, salva, ama, cuida y principalmente, *hace un pacto de **permanencia** con ella.* Le asignó un lugar honorable que finalmente redundó en el reconocimiento de los demás pueblos a su alrededor. ¿Qué había hecho este pueblo para ganarse tal honor? Absolutamente nada. Simplemente, Dios decidió amarle y darle este privilegio. No obstante, este pueblo fue amado incondicionalmente por Dios, no habiendo hecho nada para ganar ese honor, sí hizo todo lo que estaba en su mano para perderlo, ***adulterando***. La segunda referencia explica lo que acabo de decir:

> «Pero confiaste en tu hermosura, y te prostituiste a causa de tu renombre, y derramaste tus fornicaciones a cuantos pasaron; suya eras.» (Ezequiel 16:15)

¡Cuán decepcionante puede llegar a ser que aquella persona a la que le entregamos nuestro amor, con la cual hicimos un pacto de fidelidad y a la que hemos cuidado nos pague con un acto de infidelidad! Dios sabe lo que se siente, porque en repetidas ocasiones lo ha experimentado.

Por esto toma la figura de marido y mujer, para que el ser humano comprenda lo que para Dios significa el pecado de idolatría. Que se asemeja al adulterio, en que *bajo un pacto de fidelidad concertado en la relación **Dios-hombre**, este último pone algo o alguien antes que al mismo Dios, convirtiendo ese «algo» en su Dios, y rompe así el pacto.*

A pesar de las múltiples infidelidades realizadas por este pueblo, Dios decide extender una y otra vez su misericordia, mostrando su gracia al perdonarlo. Dios, teniendo todo el poder y la razón para cobrar venganza ante las infidelidades de su pueblo, decide, no obstante, reiterar su compromiso de fidelidad establecido en su pacto, confirmando que su palabra está empeñada en esta relación. Cito algunos fragmentos del mismo profeta, que dejan en claro, el proceso que Dios tomó ante el pecado de su pueblo:

> «¿Haré yo contigo como tú hiciste, que menospreciaste el juramento para invalidar mi pacto?»

> «Antes yo tendré memoria de mi pacto que concerté contigo en los días de tu juventud y estableceré contigo un pacto sempiterno.»

> «Para que te acuerdes y te avergüences, y nunca más abras la boca, a causa de tu vergüenza, cuando yo perdone todo lo que hiciste, dice Jehová el Señor» (Ezequiel 16:59-60 y 63).

La determinación que Dios toma ante el adulterio de este pueblo, es muy consistente con todo lo que Él mismo revela en el resto de su Palabra: **la insistencia en perdonar el pecado, y amar al pecador**. Considere con cuidado, que lo que realmente lastima en el acto de adulterio, es la **deslealtad** del infiel, hacia la parte fiel, y esto es lo que Dios ha sufrido y perdonado al hombre a lo largo de la historia.

La segunda razón por la que el perdón debería ser la primera respuesta ante el adulterio, es porque en eventos como este, por su misma naturaleza, cohabitan con la misma intensidad las dos posibles y muy opuestas dimensiones del conflicto: *un gran potencial tanto constructivo como destructivo*. Esto quiere decir que, posterior a un engaño, marido y mujer tendrán la oportunidad de **reinventarse** como pareja. Un adulterio no necesariamente debería marca el final de un matrimonio, porque las cosas pueden mejorar notablemente después de que se ha descubierto el engaño. ¿Hacia dónde se dirigirá el resultado? Dependerá en gran medida del buen o mal manejo que la pareja haga del hallazgo. Una pareja que considera las dos premisas hasta aquí expuestas, después de que se ha descubierto un engaño, refrendarán su compromiso de fidelidad otorgando el perdón, y se darán a la tarea de reconstruirse una vez más.

En una ocasión, recibo la llamada de un hombre para concertar una cita. El sujeto me dice que engañó a su mujer y que desea recuperar su matrimonio. Se trataba de un matrimonio mixto, ella de fe católica y él, cristiano evangélico. Inicio la entrevista dirigiéndome a ella, después de todo ya tenía los antecedentes que él por teléfono me había dado. Además, ella se veía molesta y cansada por la situación. Con una mirada dura que bien lograba ocultar su dolor, cruzada de brazos y piernas como protegiéndose de recibir una herida más con mis preguntas, iniciamos la entrevista. Yo me dirijo a ella diciendo:

—Platíqueme ¿cómo están las cosas en este momento?

Permaneciendo en su postura rígida y cerrada ella comienza diciendo:

—Mire, debo decirle que ya consultamos a un psicólogo. Después de analizar nuestro caso, se limitó a decirnos que en nuestra relación ya no existían «vínculos» que nos unieran, y que era mejor que pensáramos en divorciarnos. Buscamos entonces a un sacerdote católico, porque sabrá que yo soy católica, y el padre, después de escuchar nuestro caso, dijo: "Mejor divórciense, porque cuando una persona engaña, no cambia, y se le hace fácil volverlo a hacer". Y ahora… ¡nos encontramos aquí con usted!

Debo confesar que no me sorprendió la sugerencia del psicólogo. Actuó como muchos terapeutas que más parecen abogados predispuestos a romper la relación, y no actúan como un terapeuta capaz de asistir a las peticiones de sus pacientes. Después de todo, la pareja buscó un psicólogo para **salvar su matrimonio**, no un "abogado" para romperlo. Pero la sugerencia del sacerdote, sí me sorprendió mucho, porque conozco la postura de la Iglesia Católica respecto al divorcio, y definitivamente el comentario del cura no fue congruente con la postura de la Iglesia. Francamente no sé a qué se debió la sugerencia, pero por respeto a la fe de mi paciente, preferí no indagar más al respecto. Por mi parte, después del relato de la mujer, hice un breve repaso de su respuesta y añadí una simple pregunta:

—Entiendo entonces que ya fueron con un psicólogo que les sugirió que se divorciaran. Después, acudieron a un sacerdote, que les recomendó prácticamente lo mismo. Y entonces… ¿por qué no se han divorciado?

Ella hizo una pausa que resultó muy prolongada. Hasta se podía notar en sus movimientos la incomodidad que sentía ante mi pregunta. Frotaba una mano con la otra, dirigiendo su mirada de un lado al otro. Yo le di suficiente tiempo para que pudiera considerar su respuesta. Finalmente la mujer rompió el silencio y con los ojos fijos hacia el suelo, titubeante dijo:

—Es que… todavía lo quiero.

—Entonces usted, a pesar de todo, ama a su marido. Qué pena que mi *colega* no hubiera captado este "pequeño" vínculo, que por cierto, fue el que les hizo unirse desde el principio como pareja y después les llevó a buscar ayuda. Porque es el amor el único vínculo indispensable para mantener unidas a las personas. Además, es una verdadera pena que en el corazón de su líder espiritual, en su visión limitada del matrimonio, no cupiera la posibilidad del perdón y el cambio.

Lograr entender las *pulsiones inconscientes* que la Escritura describe como *"pasiones que combaten en nuestros miembros"* (Santiago 4:1), es tarea individual, no de los líderes ni terapeutas. No obstante, en medio de la vorágine que produce los eventos tan intensos como puede ser el caso del adulterio, dichas *pasiones* son removidas, haciendo que queden a la vista toda clase de motivaciones internas, ofreciendo a los protagonistas de dichos episodios la oportunidad del cambio. Por esto, se puede comprender que *un adulterio no necesariamente deba marcar la ruptura definitiva de un matrimonio, pero definitivamente deberá marcar un cambio radical.* Marido y mujer, después de una infidelidad, tendrán entonces en sus manos el *potencial de cambio,* que bien aprovechado, puede llegar a mejorar de manera notable su relación.

El divorcio es responsabilidad individual

He observado con tristeza que muchas personas que acuden a terapia, después de una infidelidad, en el fondo, lo que realmente buscan es librar la responsabilidad individual de tomar la decisión de romper. Su estrategia de **manipulación** consiste en consultar al consejero y contarle una serie de eventos que describen la "*historia de terror*" que han vivido al lado del infiel, con el único objetivo de *doblegarlo* y obtener de él la "aprobación" para poder divorciarse. Esto es un acto a todas luces deshonesto. Por esto, la premisa número tres dice: *El divorcio es responsabilidad individual.* Al final, será la persona quién individualmente rendirá cuentas ante Dios sobre sus decisiones particulares y su proceder que han marcado y marcarán el rumbo que tome su vida y la de su familia.

Es doloroso ver que el índice de divorcios entre los cristianos sea casi tan alto como el de la sociedad en general, cuando debería existir una **muy** marcada diferencia entre aquellos que dicen seguir a Cristo y sus enseñanzas, y los que no le consideran en la toma de sus decisiones.

De ninguna manera ignore que la decisión de divorciarse será su propia responsabilidad, no de su consejero o de sus padres.

A aquellos *consejero y psicólogos* que caen en la seducción del poder que les otorga el paciente de tomar la decisión que corresponde exclusivamente al interesado, les diría que jamás deberán perder de vista que están cargando con otra parte de responsabilidad, de la que Dios también les llamará a cuentas por la manera en la que guíen a su pueblo. Al *psicólogo* que toma el poder que su paciente le otorga, le diría que en su caso está denigrando la profesión al capricho individual de *su muy particular* punto de vista, y que está ejerciendo muy por debajo del nivel que la carrera nos exige. Dado el caso, debería considerar acudir a terapia y revisar si no es víctima de su propia omnipotencia.

Y al *consejero,* le recuerdo que Dios nos puso como **Centinelas**, que eran personas que advertían al pueblo del peligro de algún ataque inminente, y que nuestra responsabilidad es aconsejar de acuerdo a lo que Dios dice, no de acuerdo a lo que nuestra mente y corazón nos muevan. Nosotros, nos guiamos y buscamos ajustar nuestras decisiones a los principios revelados en la Palabra de Dios, y por medio de ella, entendemos cuál será el mejor camino para aconsejar a quien busca nuestra ayuda.

La decisión de divorcio corresponde únicamente a la pareja

La premisa número cuatro, es *que cuando las puertas de una casa se cierran, nadie más sabe lo que realmente ocurre en su interior, excepto quienes la habitan.* Por esto mismo, nadie puede opinar con absoluta certeza sobre la decisión final que llegue a tomar una pareja. Esta premisa nos incluye a todos aquellos que rodeamos a la pareja que decide por el divorcio. *Jamás juzgue ni menosprecie a una persona por haber tomado la determinación de divorciarse, muy a pesar de que según su criterio la pareja no tomó la decisión correcta.* Este mensaje es para los parientes más cercanos y para los amigos, para los miembros de una iglesia y para sus líderes. *Es para quienes hubieran sido prontos para juzgar las decisiones de una pareja por haberse divorciado.* Antes de hablar o de emitir cualquier clase de juicio, deberían considerarse a sí mismos.

Dios reconoce que el divorcio se dará entre sus hijos. Por esto revela muchas indicaciones para aquellos que han tomado esta determinación. Así mismo, la persona que hubiera tomado esta decisión no debería sentirse rechazada por Dios, a pesar de que su divorcio y quizá segundo matrimonio, no estuviera cubierto por las cláusulas del *Divorcio Permitido* en la Escritura. Porque Dios mismo utiliza, aún las decisiones equivocadas de sus hijos, para hacer llegar bendiciones a sus vidas. Ahí tiene el caso del Rey David, quién en un acto de adulterio tomó a su vecina, y al enterarse de su embarazo, mandó asesinar a su marido para poder casarse con ella. Dios reprobó tal acto. Lo denunció.

Lo evidenció públicamente y dictó la serie de consecuencias que esto traería para el rey y su familia. En esta historia queda muy claro que *para Dios no hay excepciones*. A pesar de que se trataba del Rey David, por haber violado entre otras muchas cosas sus leyes sobre el matrimonio, sus actos trajeron esta serie de consecuencias a su vida (2 Samuel 12:10-14):

- No se apartará jamás de tu casa la espada.
- Yo haré levantar el mal sobre ti, de tu misma casa.
- Tomaré tus mujeres y las daré a tu prójimo en público.
- La muerte del niño que fue producto de aquel adulterio.

No vaya usted a pensar que todo esto caerá sobre su vida si se divorcia. Al particular caso de adulterio del Rey David, se sumaron muchas otras cosas, como tener en poco la Palabra de Dios, el asesinato del marido, las mentiras y el engaño, el menosprecio de la corona al abusar del poder que ostentaba, hacer blasfemar a los enemigos de Dios, etc.. Por todo eso las consecuencias contenidas en la sentencia divina, fueron tan graves.

Pero tan **terrible** fue la sentencia, como **enorme** fue el amor de Dios y su misericordia para perdonar a David su siervo. El dolor tan profundo que el pecado traía a la vida del Rey, queda al descubierto en sus escritos:

> «Mientras callé, se envejecieron mis huesos en mi gemir todo el día. Porque de día y de noche se agravó sobre mí tu mano; Se volvió mi verdor en sequedades de verano.» (Salmo 32:3-4).

El proceso de reconstrucción de la vida y dignidad al que Dios sometió al rey, se puede comprender en plenitud al ver el desenlace de esta historia. Dios selló su perdón al darle otro hijo, quién gobernaría en su lugar: *Salomón*. Precisamente hijo de David e hijo de Betsabé.

La iglesia juzga. La iglesia no perdona. La iglesia condena. La iglesia señala. Esto podrá ser confirmado por las personas que en general asisten a cualquier iglesia, y por los líderes cristianos que me hacen el favor de leerme. Si un pastor cae en el pecado de adulterio quedará prácticamente eliminado del ministerio. Esto debería ser un llamado a quienes son líderes en una iglesia a mantenerse alertas, pero también es un llamado a las iglesias de cuestionar sus procedimientos de **disciplina** y **restauración.** Ante este tema, todos debemos considerar lo que el mismo Rey David, en aquel precioso Salmo 32 expresa sobre la liberación tan efectiva del perdón. En sus primeros dos versos comienza diciendo:

> «Bienaventurado aquel cuya trasgresión ha sido perdonada y cubierto su pecado. Bienaventurado el hombre a quien Jehová no inculpa de iniquidad y en cuyo espíritu no hay engaño.» (Salmo 32:1-2).

Pido a Dios que la decisión de divorcio, si llegara a darse en su caso, sea una determinación individual y personal, en contacto con Dios y bajo la guía de sus siervos para que pueda encontrarse dentro de la cláusula de excepción divina, sin el engaño tramposo de la *autojustificación*.

Pido a Dios que cuando nosotros, *meros observadores* de la pareja, nos encontremos de frente con alguno de ambos que quizá lleguen a tomar esta difícil decisión, podamos verles con respeto y jamás juzgarles por su determinación. Después de todo, *cuando las puertas de una casa se cierran, nadie más sabe lo que realmente ocurre en su interior, excepto, quienes la habitan.*

Existe un divorcio permitido por Dios

La quinta y última premisa por considerar ante un posible divorcio es: *El concepto de «infidelidad conyugal» podría marcar la pauta para determinarse hacia un* **Divorcio Permitido** *por Dios.*

La controversia de si el divorcio y segundo matrimonio son permitidos en la Escritura, surge de las mismas palabras de Cristo, cuando al referirse al divorcio dijo:

> «Pero yo les digo que, excepto en caso de infidelidad conyugal, todo el que se divorcia de su esposa, la induce a cometer adulterio, y el que se casa con la divorciada comete adulterio también». (Mateo 5:32 NVI).

> «Les digo que, excepto en caso de infidelidad conyugal, el que se divorcia de su esposa, y se casa con otra, comete adulterio». (Mateo 19:9 NVI).

Me permito extender un poco más este asunto porque de la comprensión cabal de esta premisa, podría depender en gran medida la determinación, que dado el caso, usted llegue a tomar.

Regresando a la referencia que los fariseos hicieron a Jesús al citar la ley de Moisés, podemos encontrar la excepción permitida por Dios al permitir dar carta de divorcio:

> «Cuando alguno tomare mujer y se casare con ella, si no le agradare *por haber hallado en ella alguna cosa indecente*, le escribirá carta de divorcio y se la entregará en su mano y la despedirá de su casa.» (Deuteronomio 24:1 *énfasis mío en cursiva y negrita*)

Podemos deducir que «*la cosa indecente*» a la que se refiere Moisés, es la misma: "*Salvo por causa de infidelidad conyugal*" referida por el Señor Jesús. Esta "cosa" es la que al final determinará si la decisión de divorcio es acorde a la cláusula de excepción a la que Cristo hacía referencia. En ambos casos, evidentemente el tema referido, son **los pecados sexuales**.

¿Por qué Dios condena con esta intensidad los pecados sexuales y les da tal importancia? Creo que la respuesta puede encontrarse en la misma referencia bíblica antes citada (Deuteronomio 24:2-4). Si continúa la lectura que cito a continuación, haciendo énfasis en algunas palabras que marco en negrita y cursiva, podrá encontrar mucha más luz a este respecto:

> «Y salida de su casa, podrá ir y casarse con otro hombre. Pero si la **aborreciere** este último, y le escribiera **carta de divorcio**, y se la entregara en su mano y la despidiere de su casa; o si hubiera muerto el postrer hombre que la tomó por mujer, no podrá su primer marido, que la **despidió**, volverla a tomar para que sea su mujer, después que fue **envilecida**; porque es **abominación** delante de Jehová, *y no has de pervertir la tierra que Jehová tu Dios te da por heredad.*»

Respondiendo a la pregunta anterior, le diré que los pecados sexuales son abominables delante de Dios. Hay quienes al leer pasajes como el que acabo de citar, perciben a un Dios estricto y punitivo. Que dice ser amoroso, y cuando trata el tema del divorcio, llega a utilizar palabras como: "aborrecer", "envilecida" o "abominación". Le pido que no se ponga tan *sentimental* y considere la referencia en su totalidad. Que no le pase como a los fariseos, que se quedaron sólo con la frase: "permitió dar carta de divorcio", y basándose en esta sola idea, plantearon al Señor una serie de argumentos infundados sobre el divorcio. Cada texto en los relatos bíblicos debe ser entendido en su contexto completo.

La frase que le hace mucho sentido a la palabra abominación, en esta referencia, es la frase que le sigue en el pasaje: *"… y no has de **pervertir** la tierra que Jehová tu Dios te da en heredad"*.

*Los pecados sexuales **pervierten** los planes de Dios sobre la familia.* Piense en los sinónimos que vienen a su mente al escuchar la palabra **pervertir**: torcer, degenerar, enviciar, ensuciar, envilecer, depravar, seducir, etc. Añada cualquiera de los sinónimos anteriores a los planes que Dios tiene sobre las familias, pues esto es lo que hace un pecado sexual en un hogar; lo tuerce, degenera, envicia, ensucia, envilece, deprava, seduce, etc. Aún más, considere lo que el supuesto caso que expone Moisés sobre una mujer que se casa ocultando sus pecados sexuales, que después son descubiertos por el marido cuando encuentra *"algo indecente"* en su mujer y le da carta de divorcio. Ella se casa con otro hombre, quién después, se divorcia de la misma, y posteriormente, el primer marido quiere recuperarla. ¿Qué daños hace todo este drama a una familia? ¿Dónde quedan los principios que rigen a un matrimonio como la fidelidad, la permanencia, la lealtad o la honestidad? Tomar a la ligera un matrimonio pervierte, tuerce, degenera, envicia, ensucia, envilece, deprava y seduce los planes que Dios tiene sobre las familias. Hacer lo anterior, escribió Moisés, pervertiría la misma tierra que Dios estaba por entregar a su pueblo.

Por todo lo anterior, podemos comprender las razones por las cuales Dios estableció algunas leyes referentes al divorcio y así mismo **debemos admitir que fue con el fin de proteger, entre otras muchas cosas, los derechos de los divorciados, especialmente los de las mujeres**. Al mismo tiempo con sus leyes, instruye a los que han dado este paso para que sepan cuál será el mejor camino para que puedan reconstruir su vida familiar.

Dios protege con sus leyes a las familias. Por lo mismo, después de exhibir sus leyes acerca del divorcio, de inmediato **instruye**, como una manera de prevenir a los recién casados y evitar así que el divorcio toque a su puerta, sobre cuál deberá ser el proceder de la pareja ante el matrimonio que comienza su primer año, tiempo en el que ambos entrarán en el típico período de acoplamiento. En sus palabras, podemos ver el amor que pone a las familias, enseñándoles la mejor manera en la que los jóvenes recién casados deberían vivir el comienzo de su vida matrimonial. En la misma referencia que antes citaba, añade lo siguiente:

> «Cuando alguno fuere recién casado, no saldrá a la guerra, ni en ninguna cosa se le ocupará; libre estará en su casa por un año, para alegrar a la mujer que tomó». (Deuteronomio 24:5)

A pesar de que la indicación en la referencia antes citada de dedicarse tiempo es para aquellos recién casados, *la tarea de expresar el amor a través del tiempo que se dedican en una pareja, no debe terminar en el primer año. Esto debería más bien convertirse en un estilo de vida.*

La dedicación y el amor expresado en tiempo, fortalecen a una pareja. Por cierto, es el tiempo que se dedican uno al otro en un matrimonio lo que evitará, en gran medida, la entrada de un tercero a la relación de pareja, y ayudará a cada uno en lo particular para que puedan resistir a las tentaciones y presiones sexuales. Cada uno de nosotros que formamos una relación de pareja, debemos aceptar que la fidelidad en una relación es un asunto personal. **Que los pecados sexuales son una decisión individual que hace que se rompa el pacto concertado con la persona que amamos**. Debemos comprender también que esta clase de pecados, además de pervertir los planes de Dios para una pareja, son pecados que van contra el mismo cuerpo del que los comete. En una referencia que el apóstol Pablo hace sobre esto, dice:

> «Huid de la fornicación. Cualquier otro pecado que el hombre cometa, está fuera del cuerpo; *más el que fornica, contra su propio cuerpo peca.*» (1Corintios 6:18 *Énfasis mío*)

Los pecados sexuales además de pervertir los planes de Dios para un matrimonio son un pecado contra sí mismo. Dios pide y exalta la fidelidad en la pareja no porque sea una imposición arbitraria de su parte, sino para el bien de quienes la practican. Por esto, quienes permiten los pecados sexuales en su vida, además de dañar a su esposa y a todo su sistema familiar, deben considerar que, por sobre todo, se están dañando a sí mismos. No olvide que, como afirmaba al comienzo del libro, por algo al pecado de la **infidelidad** se le conoce como *engaño*. Porque la persona que lo practica engaña, pero a la vez, se está engañando a sí mismo. Usted podrá escuchar comentarios *idealistas* de los infieles sobre la otra persona con la que conviven. Porque de verdad creen haber encontrado al "amor de su vida", y sufrirán de este *autoengaño* en tanto la relación esté envuelta de aquél *aura* de clandestinidad. Este bloqueo durará mientras la pasión embriague sus sentidos, pero una vez que la relación se vuelva "legal", quiero decir, después de que los *amantes* se divorcien de sus respectivas parejas para unirse en un compromiso legal, el «velo» que ahora no les permite ver su realidad, se caerá. Hasta entonces se darán cuenta del grave error que han cometido. Por cierto, en muchos casos, esto se descubre demasiado tarde, cuando el infiel ha roto con el vínculo matrimonial y ha lastimado a sus hijos. Cuando ya todo su sistema familiar ha sufrido el dolor y la desilusión del golpe de la decisión del infiel de abandonarles por ir tras la búsqueda del "verdadero amor".

Y mientras tanto ¿la esposa estará obligada a esperar hasta que el irresoluto determine con cuál de las dos se quiera quedar? Y… ¿si el proceso tarda dos años o más? ¿Existirá un plazo para establecer un límite o el cónyuge fiel está *obligado* a esperar el resto de su vida?

En este punto es en dónde la premisa número cinco puede ayudarnos a desempantanar el embrollo: *El concepto de infidelidad conyugal marcará la pauta para comprender un Divorcio Permitido, como necesario.* No se trata de que a las primeras de cambio, si usted es engañada por su esposo tiene ya la "credencial" para divorciarse de su infiel. Sume todas las premisas anteriores a su situación, después de todo, *el camino del perdón debería ser la primera respuesta*. **Pero si su infiel persiste en vivir en adulterio**, quizá sus acciones demuestran que su mente ya está *pervertida* por el pecado sexual, con todo lo que antes le decía que incluye el término «pervertir.» Lo que demuestra que no le importan las leyes de Dios ni las leyes de los hombres, pero además, demuestra que no le importa su familia ni el dolor que les pueda causar. Principalmente, demuestra que el fortalecimiento de su relación extramarital va en aumento, lo que hace menos probable que él responda a la paciente y abnegada espera de la esposa que no pierde la esperanza.

En dicho caso, por más que usted espere, no conseguirá sino añadir dolor innecesario a su vida. Piense que Dios dice, que *"la represión manifiesta es mejor que el amor oculto"* (Proverbios 27:5) y que si espera, las cosas podrían empeorar. *Quiero decir que, si su marido persiste en pecar y usted en ocultar,* aquel *"vulgar acostón"* podría llegar a convertirse en una *relación.* Esa relación se puede llegar a convertir en un *embarazo.* Un *embarazo,* que podría convertirse finalmente en un *divorcio.*

Si este es su caso y advierte que su marido en efecto persiste en su adulterio, quizá deba considerarlos los siguientes tres conceptos bíblicos sobre lo que debería ser nuestra actitud ante la mala conducta de las personas que nos rodean:

- ✓ *No sea cómplice del adulterio de su marido.* Pablo el Apóstol dijo al joven Timoteo: "No participes de pecados ajenos, consérvate puro.» (1 Timoteo 5:22b). Cuando la esposa no denuncia el pecado de adulterio, participa del mismo pecado de su cónyuge. Si su marido es creyente, por el conocimiento que tiene, actúe sin tardar.
- ✓ *Ante las autoridades, su esposo no comete el **pecado** de adulterio, sino el **delito** de adulterio.* Los creyentes debemos considerar que Dios nos pide someternos a las autoridades (Romanos 13:1). Cuando la esposa tiene conocimiento del **delito** de adulterio en su marido, y no actúa en consecuencia, también se vuelve cómplice de esta infracción ante la ley. A pesar de que le suene muy fuerte la declaración, considere no romper las leyes al proteger a un delincuente.
- ✓ *Dios quiere ofrecerle una vida abundante.* Como antes dije, "esta es tu cruz hija mía" no es palabra de Dios, sino de aquellos parientes, compadres o amigos que carecen de sentido común. O de aquellas personas que buscan salvar las apariencias, no los matrimonios. *No desee salvar la institución matrimonial por encima de su propia dignidad.* Esto solo añadirá dolor y tristeza.

Respecto al tiempo límite de espera, no es posible determinarlo, simplemente porque puede variar tanto como personas y situaciones existan bajo estas circunstancias. Pero creo firmemente que es Dios quién puede, no solo determinarlo, sino revelar su voluntad sobre este aspecto al que se lo pida. Así es que si su pregunta se dirige hacia los tiempos para actuar, pida a Dios que le descubra los elementos suficientes que le muestren si usted está dentro de sus tiempos. Pida al Señor que le descubra si no está en una relación de *impasse* por sus temores y su *codependencia*. O que le muestre si está usted apresurando su siguiente paso, motivada por sus impulsos viscerales.

No olvide aquel dicho que dice: "matrimonio y mortaja, del cielo bajan". Si a este aforismo añadimos la palabra *divorcio,* quedaría: "matrimonio, *divorcio* y mortaja, del cielo bajan". Lo que significa que todo debe esperar a que se cumpla en su tiempo. Si a un moribundo lo *amortajan* antes de que exhale su último aliento, seguramente lo matarían al introducirle todo aquel algodón en la garganta y demás orificios. Lo mismo sucederá **si adelanta un divorcio** al matrimonio moribundo. Pero de igual manera, si no amortaja un cadáver, y planea velarlo, al liberar sus líquidos, el lugar se llenará de un aroma insoportable, haciendo imposible la estancia de los que le acompañan. Lo mismo sucede cuando se posterga la demanda de divorcio ante la persistencia del cónyuge de vivir en su pecado de adulterio. Aplicando la metáfora, diría que toda su casa se llenará de un "aroma a sepulcro".

Respecto a esta última premisa le recuerdo que Dios nos ha llamado a tener paz. Él desea que usted lleve una vida abundante, plena de gozo y bienestar. Los niveles de incertidumbre que acarrea el *impasse* que genera el adulterio, roban toda posibilidad de experimentar la vida abundante que Dios quiere ofrecerle. En tal caso, será mucho mejor aceptar la circunstancia y después de haber esperado el momento indicado, tomar la determinación de romper con la persona que persiste en vivir bajo el cobijo del pecado.

Por todo lo que he expuesto en este último capítulo, si usted está pensando dar este paso tan relevante en la vida de una familia, antes de tomar la decisión, considere detenidamente las cinco premisas hasta aquí expuestas. Porque:

Entender que *Dios odia el divorcio* le ayudará a aceptar que el camino del divorcio es una alternativa humana y no divina. Por el contrario, *el camino del perdón* es la expectativa de Dios ante el adulterio, y como tal, deberá ser nuestra primera respuesta.

Pero de igual manera, estas premisas le ayudarán a aceptar que no siempre todas las personas piensan igual. Que cada persona tiene el derecho y la libertad, otorgada por el mismo Dios, para tomar las decisiones que cada uno considere mejor para su vida. Ya responderemos cada uno de nosotros ante

Dios por las decisiones tomadas en vida. Así es que, inevitablemente, algunos se verán ante la encrucijada del divorcio.

Pero si se ve en esta disyuntiva, deberá entonces admitir que *la responsabilidad del divorcio es personal e individual.* Por lo que será un error exponer su caso ante su círculo social para obtener aprobación acerca de su decisión, o buscar la anuencia de un consejero o psicólogo para responsabilizarlo de su determinación. Llegue a tomar esta decisión por lo que usted y nadie más que usted, sabe que está ocurriendo en su matrimonio. Ahora sabe que tomar esta decisión, *es un asunto exclusivo de la pareja.*

Finalmente, las premisas le llevarán a comprender que si usted llegara a ser la parte que promueve un Divorcio Permitido, al ver a la conducta persistente de adulterio en su cónyuge, deberá cuidar de permanecer cobijada bajo *la cláusula de excepción* expuesta en la Biblia.

Volver a creer

Un nuevo comienzo

Divorcio y nuevo matrimonio… Suena complicado. Principalmente si se ha experimentado un primer matrimonio que tuvo que romperse por motivos de infidelidad conyugal persistente. Pero si a este dilema le sumamos hijos, la pura idea parecerá todo un reto. Aún más, si sumamos la posibilidad de que la otra persona con la que se pretende reiniciar la experiencia matrimonial, viniera de otro divorcio o trajera sus propios hijos. Pero el último escalón de complejidad lo darán aquellas personas que se unen en segundas nupcias, añadiendo a todo lo anterior, que de la nueva relación nazcan hijos. Entonces aquella frase de: "tus hijos, mis hijos y los nuestros" se vuelve una dolorosa y complejísima realidad. Porque con cada cambio, toda la estructura familiar será removida.

A un hogar con las características antes mencionadas se le conoce como **familia reconstruida**. Estos sistemas familiares complejos deben enfrentarse a diarios ajustes en diversas áreas. Sólo por citar algunas pocas, podemos mencionar la adecuada distribución de los tiempos a las funciones parentales y de pareja, celos por la manera en la que habrán de contactarse con las anteriores parejas, lo que resulta obligatorio, la aplicación de la disciplina entre los nuevos *inquilinos* que realizan la función vacante de padres, y los hijos, que no son de su propia sangre, la típica manera en la que la pareja se vuelca en cuidados y atenciones hacia los hijos que les nacen, generando a su vez, celos a sus propios hijos. En el caso de divorciados, incumplimiento de las respectivas sentencias de divorcio, específicamente en lo que tiene que ver con la pensión y con los gastos imprevistos, que se supone que le corresponden al padre biológico. El trato diario entre los hermanos por «imposición» que son aquellos que no tienen ninguna clase de vínculo sanguíneo en esta clase de sistemas familiares, la difícil negociación sobre los diferentes hábitos y costumbres que trae cada sistema, que al presente, se ven en la necesidad de acoplarse y ceder, o luchar por preservar sus rutinas y tradiciones. En fin, son verdaderamente muchos los cambios que esperan a las personas que se ven en este largo proceso de reconstrucción de una vida en familia.

Quisiera entonces cerrar esta exposición ofreciéndole algunas últimas recomendaciones para que logre superar su estado actual, y se pueda dar a la tarea de generar el entusiasmo que exige **un nuevo comienzo**.

VOLVER A CREER

Comencemos por lo más simple. Ante la inevitable pérdida de la ilusión posterior a un *Divorcio Permitido*, el proceso de reconstrucción se hará indispensable. Pero deberá concentrarse en el objetivo principal que es *volver a creer*. Para recuperar la fe y poder vivir una vida abundante como Dios lo promete, será necesario hacer algunas modificaciones a su manera de sentir, de pensar y de actuar. En general, cambios en todo lo que hasta ese día había conformado su estilo de vida.

La gran mayoría de las personas tienen el mal hábito de acumular cosas. Si ese es su caso, notará que en su casa tiene *"madrigueras"* por todos los rincones. Seguramente por años, cuando ha intentado hacer limpieza, frente aquellas *madrigueras*, han venido pensamientos a su mente como los siguientes: "Quizá mañana lo ocupe yo o mis hijos", "sé que pronto voy a bajar de peso y podré utilizar nuevamente este pantalón", "no puedo tirar los cuadernos de la preparatoria, porque son de los mejores recuerdos que conservo", "quizá logre convencer a mi hija de diez años de edad para que utilice el ajuar de mi boda", "no quiero regalar estos treinta y cuatro pares de zapatos que ya no utilizo, pero los guardo porque algún día me van a hacer falta", "los trastes que me heredó mi mamá no los puedo tirar, después de todo, ella los ha conservado desde que mi abuela se los regaló", etc.

Si lo piensa detenidamente, se dará cuenta de que muchos de estos objetos que usted ha guardado por años, ni siquiera poseen algún valor sentimental, pero igual le cuesta mucho trabajo deshacerse de ellos. Admita que está convirtiendo su casa en una auténtica *bodega funcional* y todo lo que usted acumule en su lugar de residencia, le está robando, además de muchos espacios físicos y bienestar, libertad en su hogar. ¡Su casa requiere una profunda limpieza!

Si en este momento hacemos un comparativo entre su casa y su mente, se dará cuenta de que en ambos lugares sucede igual. También ha atesorado muchos **recuerdos** que hoy le estorban y le hacen daño. Algunos rincones de su mente parecen *madrigueras malolientes,* que conservan vivos los recuerdos más dolorosos que haya experimentado.

Posterior a un divorcio, se hace indispensable una limpieza física a su casa y una depuración de los recuerdos a su mente. Ambos procesos son difíciles, pero ha llegado el momento de enfrentarlo. Este es su momento. Despójese del peso que está de más y comience el proceso de limpieza a consciencia. Ayude a su mente a decidirse a soltar aquellos dolorosos recuerdos que hoy sólo hacen daño. Ármese de valor para entrar y revisar aquellas *madrigueras malolientes,* y haga una limpieza mental. Para lograrlo, *deberá comenzar primero con su casa.*

Le sugiero que comience con su closet. Regale toda aquella ropa que ya no le queda y que le trae tantos recuerdos de su antigua vida. Haga cuentas. Toda aquella ropa, tiene guardada en su closet entre cinco y diez años. Haga limpieza desde la raíz. Siga con el desván. No existe peor lugar en una casa que aquel rincón que se destina para amontonar nuestras pertenencias que consideramos con *valor sentimental.* A pesar de que en el armario se guardan aquellas cosas que estimamos por los recuerdos que nos traen, el lugar termina, al cabo de los años, convertido en un desastre. No hay orden ni limpieza, y solo de pensar en poner orden a este lugar, nos produce apatía. **La razón de esto, es que la gran mayoría de aquellas cosas que guardamos en ese lugar, pertenecen al pasado y ya no tienen lugar en nuestro presente**. Al no encontrarles lugar, nos resulta mejor amontonarlas.

El llamado es a dejar en el pasado lo que pertenece al pasado. En su desván solo deje las mejores cosas que le ofrezcan un *breve* recordatorio de los recuerdos especiales de su historia. Ármese de valor y continúe con todos y cada uno de los rincones de su casa. Solo después de hacer una buena limpieza en su hogar, podrá continuar con su mente. Respecto a las pertenencias de su exesposo, despídase de él y de todo lo que le pertenece. ¡Comience ya! Coloque en cajas de cartón y bolsas de plástico toda su ropa y demás pertenencias, y en un gesto de cordialidad, envíeselas.

Depure su álbum fotográfico. No olvide que su exesposo siempre será el padre de sus hijos, y si sus hijos quieren conservar recuerdos de su padre, usted deberá no solo permitirlo, sino fomentarlo. Usted no es una adolescente, así es que, no rompa todas las fotos. Solo le sugiero que no las deje a la vista. No se lacere sin sentido. La pérdida que usted enfrenta es irreparable, por lo mismo, no debe tratar de recuperar sus ilusiones pasadas. Por el contrario **deberá concentrarse en las nuevas opciones que la vida le ofrece bajo su nueva circunstancia.** La persona que sufre de dolor permanente posterior a un divorcio es porque ha **decidido** sufrir. Porque el dolor en la vida es inevitable, pero el sufrimiento es una opción que hace su aparición justo cuando la persona permanece anclada a su pasado. Fugada en sus recuerdos. Anhelante por recuperar la ilusión que le producía su primer amor. Si este es su caso ¡libérese! Suelte el pasado y viva en su presente. Acepte su circunstancia y no trate de cambiarla.

En un ejercicio simple, observe su vida en los tres tiempos que la componen: *pasado, presente y futuro.* Por un momento concéntrese en el pasado. Considere que el pasado nos atrapa porque tiene el poder de generar **culpa** por aquello que hicimos o dejamos de hacer. Observe:

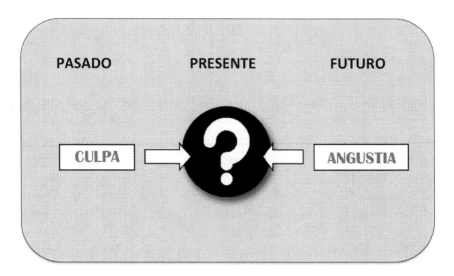

Vivimos desde el presente la culpa del pasado cuando lo evocamos para lacerarnos con el típico *"si tan solo hubiera…"*. **Coloque cualquier cosa después de esta idea y verá que le robará el gozo de vivir el presente.** Por ejemplo "si tan solo hubiera… intentado hacer algo más por mi matrimonio, *probablemente mi esposo hubiera dejado a su amante";* "si hubiera… esperado un poco más, *quizá ahora él estaría conmigo*"; "si tan solo hubiera... dedicado más tiempo a mis hijos y les hubiera dicho más lo que yo les amo, *hoy me sentiría mejor*"; "si no hubiera... dicho lo que le dije a mi madre antes de morir, *hoy sería feliz*"; "si tan solo hubiera... hecho más ejercicio, *hoy no tendría este cuerpo*". Note que todas las **suposiciones** anteriores traen consigo una **conclusión**. Esta conclusión ante las múltiples posibilidades de lo que hicimos o dejamos de hacer hará que su presente se vea seriamente afectado.

Por otra parte, si en la gráfica anterior nos concentramos ahora en el futuro, podrá observar que logrará despertar sus más profundos temores, porque el futuro tiene el poder que nosotros le hemos dado, de generar **angustia**.

Al igual que sucede con las ideas del pasado, cuando el futuro es analizado de manera equivocada, puede traer consigo otra serie de **conclusiones irracionales** que bloquean el presente de la persona que se deja enredar por sus deducciones absurdas. "Nadie más se fijará en mí, *me voy a quedar sola*". "No podré financiar los gastos de mis hijos porque *no podré conseguir un buen empleo*". "Si mis hijos se enferman... *no podré hacer nada*". "¿Qué voy a hacer cuando mis hijos crezcan?, n*o podré guiarlos yo sola*".

Todavía existen ideas mucho más destructivas que se activan cuando la persona une desde su presente *la culpa* del pasado y *la angustia* del futuro. Son ideas que paralizan a cualquiera, llenándole de las conclusiones y emociones más destructivas. Identifique cómo estas ideas unen el pasado y el futuro en un momento del presente, por ejemplo: "Voy a fallar... como siempre he fallado". "Me van a abandonar... una vez más". "Jamás lograré cumplir mis metas, porque toda mi vida... he sido un fracaso". "Estoy condenada a sufrir... el resto de mi vida".

¿Cuál es el remedio para no generar estas dolorosas conclusiones y evitar el daño que traen a nuestro presente haciendo imposible volver a creer? La respuesta está en las siguientes tres tareas que usted deberá hacer para cada día:

Vivir mi presente. Podría parecer demasiado simple, pero de fondo esta primera tarea se convertirá en uno de los pilares más fuertes para que usted comience a experimentar un auténtico descanso y un muy evidente descenso en sus niveles de angustia y culpa, que son los ladrones principales del entusiasmo. Lograremos vivir el presente, cuando comprendamos la profundidad de las palabras del Maestro, quien al referirse a la preocupación y a la angustia afirmó:

> «Por lo tanto, no se **angustien** por el mañana, el cual tendrá sus propios **afanes**. Cada día tiene ya sus **problemas**.» (Mateo 6:34 NVI *énfasis mío en negritas*)

Dos ideas que se desprenden de esta afirmación son: **primero**, que no debemos tratar de vivir en el futuro porque aún no ha llegado. Y **segundo**, que cada día en esta vida, traerá sus propios problemas o su propia tarea en la que deberemos ocuparnos, precisamente ese día. *Observe que en la vida se contemplan de antemano problemas para cada día ¡Porque los problemas son parte de la vida!* Lo que hace emocionante vivir cada día. Por esto, debemos vivir **exclusivamente** en nuestro presente y no tratar de remediar otro problema que no sea justamente el de este momento.

No condicionar mi felicidad. Somos expertos en boicotear nuestra vida y lo bueno que ésta nos ofrece. Ahora mismo tome unos minutos para hacer este ejercicio. Como en un cuento de hadas, piense que usted encuentra la lámpara de Aladino y la frota. Aparece de inmediato el genio y le dice *que le concederá tres deseos para que usted pueda ser realmente feliz*. ¿Qué pediría? Permítame suponer con usted:

- Que mi marido regrese conmigo
- Que el tiempo volviera atrás
- Que mi hijo no estuviera enfermo
- Que ganara más dinero
- Que tuviera más tiempo libre
- Que me llamen ofreciéndome el empleo
- Que encontrara otro hombre que me haga feliz

Si ya pensó en sus tres deseos, ahora, escríbalos. **En ese papel podrá contemplar cuáles son las condiciones que usted misma ha puesto a su felicidad**. Mientras estos deseos no se cumplan, usted impide la llegada de su felicidad.

Por un momento suponga que ninguno de estos tres deseos se hace realidad. ¿Estaría usted condenada a ser infeliz el resto de su vida? **Definitivamente**

no. *Pero para la persona que se encuentra atrapada bajo este engaño mental, esto será una dolorosa realidad.* Su autoengaño le hace creer que cuando estas cosas sucedan, será verdaderamente feliz. ¡Hasta cree que algún día sucederán! Pero… ¿qué sucedería si en efecto ninguno de sus deseos se hiciera realidad?

¿Verdaderamente cree que si algún día regresa su marido le hará feliz? Considere lo siguiente: Si antes estaban juntos… ¿por qué no eran felices entonces? Lo cierto es que si una persona tiene algo y lo pierde, cree que al recuperar ese «algo» será tan feliz como *nunca* ha sido, incluyendo el tiempo en el que lo poseía ¡Esto es un absurdo! Lo honesto es decir: "No soy feliz ahora que no está mi marido, pero francamente tampoco lo era cuando él estaba". Esto significa que algo estaba mal en mí desde antes de que esto nos sucediera.

Por supuesto que si usted compara su presente **sin** su marido, con su pasado cuando él estaba **con** usted, en este momento su pasado parecerá mejor que su presente. Esto **no** significa necesariamente que su marido se llevó con él toda posibilidad en usted de ser feliz.

Tome con seriedad este asunto, acepte de una vez por todas que ha vivido condicionando su felicidad. Ahora la condiciona al regreso de su marido, pero cuando todavía estaba a su lado, condicionaba su felicidad a un cambio *de la circunstancia* de aquellos días. Haga memoria. ¿Recuerda que entonces no era feliz porque él no le dedicaba tiempo? No sólo esto, usted no era feliz por una serie de razones más, por ejemplo: porque su marido no le trataba con respeto, hacía mucho ruido cuando comía o cuando dormía, ponía la ropa fuera del cesto de la ropa sucia, porque regañaba mucho a los niños, no se bañaba diario, salía mucho con sus *amigotes*, era muy poco cuidadoso en la relación sexual, etc. *Descubra que siempre ha existido algo que le ha robado su capacidad de sonreír ante la vida.* ¡Enfóquese!, pues este es el verdadero problema que debe resolver en este momento. Concentre su mayor esfuerzo en resolverlo para que finalmente experimente el ser feliz.

Aceptar mi circunstancia. Le invito a que tome el reto de ponerse de frente a su realidad y la acepte de una vez por todas. Resista la tentación de querer modificarla. Esta será la tercera tarea para su presente y un verdadero reto para poder disfrutar su nueva circunstancia.

Considérelo… ¿Por qué no aceptar la *soltería permanente* como su circunstancia presente? Entiendo que estar solo no es el estado ideal en el ser humano. Dios mismo, haciendo un balance de todo lo que había creado, reveló desde el principio: "No es bueno que el hombre esté solo" (Génesis 2:18). Por esto le creó una compañera **idónea**, la mujer.

La palabra *ayuda,* que aparece en esta cita bíblica, se les puede «atorar» a muchas mujeres que quieren *competir* con quién debería ser su compañero de viaje en la vida, el hombre. Y se enfrascan en una lucha sin sentido. Sin embargo, la palabra **idónea** explica el sentido del término. Analice los sinónimos y términos asociados a la palabra *idónea*: apta, capaz, inteligente, eficaz, eficiente, competente, etc. En resumen, otro ser de su misma naturaleza. Eso es, o mejor dicho debería ser, la mujer para el hombre y el hombre para la mujer. *Otro ser de igual valor con el cual compartir la vida.*

Añadamos el concepto que el rey Salomón expone al hablar de la mutualidad que el ser humano puede obtener al estar asociado con alguien más, incluyendo la sociedad por excelencia que es el matrimonio:

> «Más valen dos que uno, porque obtienen más fruto de su esfuerzo. Si caen, el uno levanta al otro. ¡Ay del que cae y no tiene quien lo levante! Si dos se acuestan juntos, entrarán en calor; uno solo ¿cómo va a calentarse? Uno solo puede ser vencido, pero dos pueden resistir. ¡La cuerda de tres hilos no se rompe fácilmente!» (Eclesiastés 4:9-12 NVI)

Si al leer esta parte del libro aún no se ha divorciado, el llamado es a que reconsidere su decisión para que no se encuentre en el futuro con el predicamento de resolver la soledad. Pero si ya enfrenta esta circunstancia, acéptela y resuélvala amando el estado en el que se encuentra. Identifique todo lo que este episodio en su vida le ofrece. No trate de cambiar su circunstancia, porque de inmediato romperá las tres tareas para su presente: **no viviendo su presente, condicionando su felicidad y tratando de cambiar su circunstancia**. Esto le robará la fe y bloqueará toda posibilidad de volver a ilusionarse, de vivir la experiencia de sentirse viva, de respirar la libertad y sentir la fuerza de la motivación indispensable para generar un nuevo comienzo.

Cuando realiza **diariamente** estas tres tareas, crea un *campo de fuerza* para su mente que no permite la entrada a la **culpa** o la **angustia** y le permite experimentar la alegría de vivir una vida en la que la incertidumbre se difumina. Regresemos al gráfico anterior para añadir este nuevo concepto:

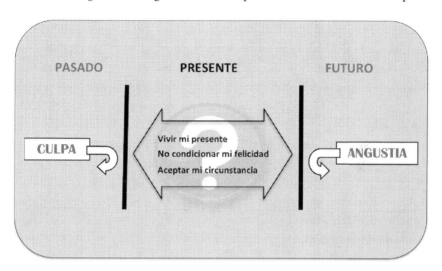

Advierto que de manera inevitable, a pesar de que usted se proponga realizar estas tres tareas, se enfrentará a la soledad. Sentirá el "lado oscuro" que el Rey Salomón identifica en la persona que está sola: Menor fruto de su esfuerzo, no tener quién la levante al caer cuando las cosas son difíciles, experimentar el frío por las noches, ser vencida por luchar sola y sentir que se rompe por ser una cuerda de un solo hilo.

¿Cómo enfrentar la soledad y aceptarla cuando esta circunstancia no fue una elección propia sino más bien el producto de la traición e infidelidad de su exmarido?

INVITE A DIOS A SER PARTE ACTIVA EN SU VIDA

Para dar respuesta a la pregunta anterior sobre cómo enfrentar la soledad y aceptar su nueva circunstancia, *invite a Dios a ser parte activa en su vida*. Dios no es para ser dejado en la Iglesia después de ser escuchado en un buen sermón dominical y volver a buscarlo el siguiente domingo para repetir la misma acción el siguiente fin de semana. Dios debe ser una parte activa en la toma diaria de nuestras decisiones trascendentes. Dios es la persona que debe notarse en la manera en la que nos relacionamos con los demás. Dios y sus leyes deben ser parte de nuestro estilo de vida.

Si retomamos la frase del Rey Salomón: "¡La cuerda de tres hilos no se rompe fácilmente!" (Eclesiastés 4:12b NVI) respecto a las sociedades que el hombre puede tener, podríamos analizar que la falla principal de su anterior relación matrimonial, seguramente fue que usted y su exmarido conformaron una cuerda con solo dos hilos. El **tercer hilo**, que nos habla de la presencia de Dios en su matrimonio, permaneció ausente. Aprenda la lección no repitiendo el mismo error. Cuando Dios es invitado a unir un matrimonio y ambos le aceptan como parte esencial de sus vidas, cada uno tomará con mucho respeto sus indicaciones, lo que hará que ambos funcionen mejor. Por respeto a Dios y a sus leyes permanecerán luchando por la relación a pesar de lo que tengan que enfrentar, buscarán ser fieles uno al otro, se dedicarán tiempo, se respetarán y amarán manifestando ese amor y respeto en acciones específicas, y tantas otras cosas más, indicadas en sus leyes.

Asocie el **tercer hilo** a su circunstancia presente. Invite a Dios a formar parte activa en todas las sociedades que esté formando o esté por formar, de tal modo que en medio de los **dos hilos** formados por usted y la persona con la se encuentra asociada, pueda verse Dios. Por ejemplo: *usted-**Dios**-hijos, usted-**Dios**-socios, usted-**Dios**-amigos, etc.*

> «Si Jehová no edificare la casa, en vano trabajan los que la edifican; Si Jehová no guardare la ciudad, en vano vela la guardia. Por demás es que os levantéis de madrugada, y vayáis tarde a reposar, y que comáis pan de dolores; pues que a su amado dará Dios el sueño.» (Salmo 127:1-2)

Este Salmo nos previene de no excluir de nuestros hogares la presencia de Dios. La ausencia de Dios en una familia trae desvelos, cansancio, dolor y tristeza. Por otro lado, si aprobamos tomar en cuenta a Dios al invitarle a formar parte activa de nuestras vidas, tendremos una guía que nos ofrezca un camino posible ante la circunstancia que vivamos, cualquiera que esta sea. Permita que sea Dios quién reconstruya su vida. Deje de luchar por demostrar a las personas que le rodean que es autosuficiente. Esto, en su misma esencia, es un acto de soberbia. Mejor sea una persona humilde que se reconoce dependiente de Dios.

UN CAMBIO DE PERSPECTIVA

La última sugerencia es generar una visión de nosotros y nuestras múltiples circunstancias desde la perspectiva de Dios, no desde los límites que nos impone nuestra visión restringida. *Si tan solo pudiéramos vernos como Dios nos ve...*

Cada tarde al llegar a casa después de la consulta del día, tengo el hábito de observar a cada uno de mis cinco hijos tratando de ver a quién voy a invitar a caminar por la noche en el parque que está a unas cuadras de nuestra casa. Es un tiempo en el que además de disfrutar de la compañía de mi hijo, platico con él sobre como transcurrió su día.

Una noche, pude ver a mi cuarto hijo, de tan solo diez años de edad, muy callado. Así es que me propuse dedicar ese tiempo a platicar con él. Lo que yo ignoraba, es que esa noche era yo quién recibiría un enorme regalo que me ofrecería una perspectiva divina de mi circunstancia. Esa noche, era Dios quien nos esperaba en aquel parque para darnos a ambos una profunda lección.

Mi hijo estaba muy triste porque ese día sus compañeros de la escuela se habían burlado de él por haber fallado mientras jugaban un partido de futbol. Mi hijo estaba en cuarto año de primaria, y el lector podrá recordar lo difícil que es la infancia en esa etapa. Además, hacía poco que él había entrado a un equipo local de futbol y de manera constante experimentaba un intenso temor a fallar. Camino al parque, me platicaba los acontecimientos de ese día, mientras narraba lo sucedido, sus ojos se llenaron de lágrimas y su postura se encorvaba cada vez más. Derramando sus lágrimas decía:

—Después de que se rieron de mi, me sentí muy mal porque me di cuenta de que no sirvo para nada. No soy bueno para nada o dime papá ¿para qué soy bueno?

Sé que mi hijo interpretó muy mal ese doloroso acontecimiento en su escuela, pero él necesitaba liberar sus sentimientos de dolor y frustración. Así es que me di a la tarea de tomar un tiempo para ayudarle a expresar su dolor. Para esto, elaboré algunas preguntas que podían ayudarle a liberarse. Mientras contestaba, yo, en silencio, con el brazo tendido sobre su hombro, escuchaba muy pacientemente sus respuestas. Sin precipitarlo. Sin juzgarlo por sus múltiples conclusiones equivocadas. Caminando a su lado. Acompañándolo.

— ¿Qué te hace pensar que *no eres bueno para nada*?

Con lágrimas me contestó:

—Lo que pasa es que todos mis hermanos son buenos en algo y lo hacen bien, pero yo no. En la escuela, mis amigos son buenos en el futbol y yo me equivoco mucho. Ahora que estoy en el equipo local, todo el tiempo tengo temor e equivocarme. Creo que me voy a quedar sin amigos.

He visto jugar a mi hijo y sé que está muy equivocado en su percepción de él mismo. Es **hábil en el futbol,** además de que le encanta, pero su dolor en ese momento era mayor que su habilidad. Además de esto, **es muy fuerte,** de hecho, es el más fuerte de su grupo, pero él lo ignoraba en ese momento. **Es muy creativo** y tiene una **enorme habilidad con sus palabras.** En algunas ocasiones sus hermanos le han dicho que no habla como niño sino como adulto, pero en ese momento para él, no era suficiente. Su **coeficiente intelectual está muy por arriba del promedio de sus pares.** Lo digo como una definición clínica no como padre, pero él no lo valora. **Es muy abierto y sociable**, no es del tipo retraído. De hecho, **es el alma de las fiestas** de sus amigos, porque no tiene temor, por ejemplo, de contar los chistes al frente en el micrófono. Pero en ese momento él no lo recordaba. **Es muy guapo**, a estas alturas sé que estoy sonando como *papá cuervo* pero créame que le digo la verdad, si no, cómo se explicaría que mi hijo en las fiestas de cumpleaños de sus amigos sobresale del resto, las niñas le sonríen, lo rodean y se miran unas a otras cuando él hace sus famosos pasos de *break dance*. Pero mi hijo en su tristeza se ciega y nubla todas sus posibilidades.

Después de la serie de preguntas que le hice para ayudarle a liberar su tristeza y reflexionar sobre lo que vivió en ese día, llegó la revelación. Con mucha convicción, y apretándolo con cariño hacia mi pecho, simplemente le dije:

—No te preocupes, hijo, todo va a estar bien.

Por favor, ponga especial cuidado a lo que trato de explicar porque en ese momento, mi Señor me permitió contemplar un cuadro que yo había experimentado muchas veces y sé que usted también. La escena en la que usted emite sus quejas ante Dios y él le dice: "**No te preocupes, no tengas temor, todo va a salir bien.**" Hasta ese día, esa frase carecía de sentido para mí. Sonaba como que Dios no había asimilado bien lo que yo había tratado de decirle. De hecho, había llegado a pensar que Dios decía esto porque Él es Dios, y para Él es fácil decirlo. Después de todo, Él desde su trono rodeado de gloria y poder, lo estaba diciendo.

Mi intención de fondo en ese momento no era consolar a mi hijo, sino definir su situación. Porque realmente creo que mi hijo no tenía de qué preocuparse porque sus habilidades le sobran para lo que él debía resolver aquel día. Sé que va a estar bien. Sé que lo va a superar. Sé que ese día lo pasó mal, pero que mañana va a sonreír y verá las cosas desde otro ángulo. **Sé que él maximizó la burla de uno de sus amigos e interpretó mal su vida entera por un acontecimiento aislado.** Sé que mi hijo se estaba ahogando *en un vaso de agua*. Sé que él tenía una horrible pesadilla, pero también sé que el «amanecer» estaba por llegar en su vida, solo era cuestión de tiempo.

Si volvemos a la escena de aquella noche en el parque, se dará cuenta de que en ese momento a mi hijo **le hacía falta una nueva visión**. Necesitaba obtener la visión amplia y experimentada de su padre. **O en su defecto, si no lograra generarla en ese momento, por lo menos podría confiar en lo que yo le decía.**

Y eso es exactamente lo que nos hace falta cuando las aguas nos inundan en la vida y la tormenta arrecia y nos aterra. Piense en esto cuando en su corazón quieran anidarse el desamor y la autoconmiseración. Cuando sienta el abandono de la persona que un día amó y que después decidió vivir lejos de usted. Recuerde todo esto cuando vea en su cama el vacío físico que le hace evidente el vacío del corazón. Ese es justo el momento en el que necesita la visión amplia y experimentada de su padre Dios. Urgentemente requerirá verse a sí misma tal y como Dios le ve, y si no lo logra, **crea** lo que Él le promete cuando dice:

—No te preocupes hija, todo va a estar bien.

Palabras finales...

Ver nuestra vida y calificarla bajo una circunstancia específica, es como tratar de entender un rompecabezas desde una sola pieza. No es posible alcanzar a contemplar la totalidad de una imagen y apreciarla en toda su hermosura, partiendo desde un solo ángulo. Así es nuestra vida.

Nuestra vida se compone de partes, como un rompecabezas. Contiene múltiples variables. Algunas piezas reflejarán colores brillantes mientras que otras reflejan las sombras contrastantes que también son parte importante de la misma imagen. Y al igual que cuando tratamos de armar un rompecabezas, requerimos de la imagen general que nos sirve de guía, cuando intentamos encontrar sentido a un episodio difícil de nuestra vida requerimos echar un vistazo a la imagen general de nuestra existencia, sólo de este modo será posible encontrar a dicha circunstancia, su lugar apropiado en el entramado general de nuestra realidad.

No trate de calificar o descalificar la totalidad de su vida desde una circunstancia aislada. Cuando aquellas piezas de nuestro «rompecabezas» que parecen no tener lugar porque no les encontramos sentido nos confundan, volvamos a la imagen general de nuestra existencia. Esto nos permitirá encontrar el lugar exacto de aquella pieza que ahora conforma una parte importante de nuestro momento.

En este punto la pregunta obligada es ¿dónde encuentro la imagen general de mi existencia? Bueno, para poder entender nuestra vida desde una perspectiva general, requeriremos de alguien que tenga una visión completa de la misma. Quien tiene en sus manos aquella imagen general de nuestra existencia, también posee una visión trascendente de nuestras circunstancias dolorosas, es Dios, y además, Él quiere ofrecernos esta valiosa información que podría darle un giro a nuestra circunstancia. El simple hecho de reubicar las piezas de nuestro *rompecabezas* y ajustarlas a sus designios, nos ofrecerá consuelo y esperanza. El manual de las imágenes al que hago referencia está plasmado en su Palabra escrita, la Biblia. Para explicar la manera en la que funciona, permítame recordarle algunas de las muchas promesas que Dios extiende en las Escrituras, queriendo ofrecernos una profunda perspectiva existencial. Lo haré mediante una carta. Ponga su nombre como destinatario y por favor, crea a lo que Él promete:

Hija mía:

He observado tu dolor de cerca y siento tu tristeza. Te veo llorar por las noches y me duele profundamente lo que has vivido este último año. Comprendo que sientas temor cuando piensas en el futuro, lo que será de ti y de tus hijos al enfrentar la vida sola.

Aunque te cueste trabajo creerlo, he permanecido a tu lado desde que naciste y eras una pequeña. Me duele más que a ti que te hubieran roto el corazón. Sé que te casaste para toda la vida y creíste en aquel hombre que te prometió estar a tu lado en las buenas y en las malas, en la salud y en la enfermedad, en la pobreza y en la riqueza. Como tú, también recuerdo, porque yo estaba ahí, cuando él te prometió permanecer a tu lado hasta que la muerte los separe. Ahora sé que no fue la muerte, sino otra mujer la que los separó y esto te lastimó profundamente. Por favor no olvides que yo sí me quedé contigo cumpliendo mi promesa y así será eternamente.

He estado sentado a tu lado en aquella mesa llena de cuentas por pagar y sé que piensas que esta vez tu quincena no te va a alcanzar. Comprendo que creas que eres tú la responsable de cuidar de tus hijos y que si algún día algo les sucediera no te lo perdonarías, porque no soportarías producirles el mismo dolor que su padre les produjo con su abandono. No tengas temor, yo cuido de ellos y de ti. Ahora más que nunca, necesitas confiar en mí.

Por un momento mira tu vida en una línea y verás que no es este el peor momento que has vivido, a pesar de que tú así lo sientas. Verás que has atravesado muchas más circunstancias difíciles, y en todas, yo te he sustentado porque así lo prometí. Siempre cuidaré de ti.

Pienso en ti, y permanezco muy de cerca. Al terminar el día me acuesto a tu lado y te vuelvo a arropar como cuando eras una pequeña bebé que sonreía al mirarme. Pero ahora… eres toda una mujer. Las preocupaciones y tu tristeza te han nublado la vista. Por cierto, hace mucho que no sonríes cuando me miras como cuando eras una pequeña. Cuando te acuerdas de mí, crees que te he abandonado como lo hizo aquel hombre en el que un día confiaste. Pero no es así. Pase lo que pase, te prometo permanecer a tu lado todos los días de tu vida, y además, prometo estar presente el día que tu corazón deje de latir. Confía en mí. Ese día, te tomaré una vez más entre mis brazos y te llevaré a mi gloria eterna. Ya lo hice posible y garanticé mis promesas por medio del sacrificio de mi propio Hijo a quién envié a morir… por amor a ti.

Así es que, no te preocupes hija… todo va a estar bien.

Con todo mi cariño, papá Dios.

Bibliografía

- Santa Biblia. Versión 60 Reina Valera. Nashville, Tennessee, USA: Holman Bible Publishers, 1990.
- Bible Gateway. Nueva Versión Internacional, disponible en: biblegateway.com
- Manuel de Jesús Cloutier. Disponible en: http://es.wikiquote.org/wiki/Manuel_Clouthier
- Jung, Carl Gustav. *Los arquetipos y lo inconsciente colectivo*. Madrid: Editorial Trotta, 2002,.
- Proceso de Divorcio (2005-2006). Monterrey, Nuevo León, México. Disponible en: tudivorcio.com.mx ©
- Consultoría legal gratuita por donativo. Disponible en: http://www.renace.org.mx
- Urgenciasdonostia.org. Disponible en: http://www.urgenciasdonostia.org/LinkClick. aspx?fileticket=IvJZb3vnsVs%3D&tabid=70&language=es-ES
- NAM. *Crónica de la guerra de Vietnam*. Barcelona: Editorial Planeta De Agostini, 1988.
- Rick, Warren. *Una vida con propósito*. Miami, Florida: Editorial Vida, 2003.

MI REBELDE CON-SENTIDO

*Con este libro el l*ector:

Encontrará una manera sencilla de distinguir entre los tres diagnósticos más comunes en el desarrollo maduracional de los niños: Déficit de Atención, Trastorno Negativista Desafiante y el Trastorno Disocial.

Tendrá en sus manos un manual práctico que le guíe paso a paso en el tratamiento del Negativismo Desafiante en casa.

Descubrirá la mejor manera de colaborar con el profesional de la salud mental que trate a su hijo.

Obtendrá una mejor comprensión de este trastorno, mejorando así la relación familiar.

Identificará la mejor manera para evitar el proceso evolutivo de conductas criminales en sus hijos, porque el Trastorno Disocial resulta ser la antesala a la conducta criminal. Y el tratamiento deficiente del Negativismo Desafiante, puede resultar en un proceso evolutivo del Trastorno Disocial.

www.mirebeldeconsentido.com
Facebook: Mi rebelde con-sentido
enfasis@telmexmail.com
@rosalioconluna

Visión y Misión

Nuestra Visión y Misión en la vida: *Es aprender a vivir en obediencia a un código que es la palabra de Dios revelada en la Biblia.*

Guiando nuestras acciones bajo la luz de los principios revelados en ella.

Viviendo con un genuino contentamiento con lo que tenemos y con lo que hacemos.

Mirando hacia el futuro con fe.

Y cada día, viviremos tras el cumplimiento de la realización de la visión trascendente que Dios puso en nosotros, al servir a los demás.

CONTÁCTANOS:
Facebook: Enfasis
Twitter: @familiayhogar
Mail: enfasis@telmexmail.com